경계에 선 줄리아 크리스테바

경계에 선
줄리아 크리스테바

노엘 맥아피 지음 | 이부순 옮김

Julia Kristev by Noëlle McAfee
Routledge Critical Thinkers
ⓒ 2004 Noëlle McAfee
All Right reserved.

Korean translation edition ⓒ 2007 LP Publishing Co.
Authorized translation from English language published by Routledge,
an imprint of the Taylor & Francis Group, UK
Arranged by Bestun Korea Agency, Seoul, Korea.
All rights reserved.

이 책의 한국어 판권은 베스툰 코리아 에이전시를 통해
저작권자와 독점 계약한 도서출판 앨피에 있습니다.
저작권법에 의해 한국 내에서 보호를 받는 저작물이므로
어떠한 형태로든 무단 전재와 무단 복제를 금합니다.

■ 옮긴이의 글

줄리아 크리스테바, 경계인의 사유

우리의 90년대는 이념의 시대였던 80년대와의 인식론적 단절로써 시작한다. 부당한 권력과 자본의 횡포에 대한 이념적·실천적 투쟁의 부분적 성취와 좌절, 그에 따른 흥분과 환멸의 정서에 침윤된 자리에 포스트모더니즘, 포스트구조주의, 포스트마르크스주의, 포스트식민주의, 포스트자본주의 등 온갖 '포스트post'가 새로운 패러다임으로 등장한다. 그것은 마치 갑작스럽고 다소 때 이르게 들이닥친 점령군처럼 우리의 지성계를 사로잡는다. 한편으로는 라캉, 데리다, 바르트, 바흐친, 푸코 등이, 다른 한편으로는 알튀세와 프레더릭 제임슨, 에드워드 사이드 등이 프롭과 야콥슨, 그레마스, 레비 스트로스, 마르크스와 헤겔, 루카치와 골드만 등을 대신하여 새로운 지적 사유의 준거 자리를 차지하고, 그에 따라 이론적·비평적 실천도 (분열적) '주체'와 '타자', '욕망', '해체', '탈주', '전복' 등의 화두를 중심으로 전개된다.

이러한 '포스트'적 사유의 근원에는 바로 자크 라캉이 자리 잡고 있다. 80년대적인 사유 체계를 무장해제당한 한국의 지성계는 라캉의 정신분석학, 즉 욕망이론으로 새롭게 무장한다. 지나친 단순화의 위험을 무릅쓰고 말하자면, 라캉은 이념과 사회과학 시대의 종말로 갈 길 잃은 90년대 지식인의 안내자이자 존재증명이다. 그들은 라캉을 업고, 아니 라캉에 업혀 욕망과 정신분석학의 시대를 통과한다. 90년대 이후 '라캉'을 경쟁적으로 재생산한 비평 담론 덕분에 라캉에게서 유래한 난해하기 그지없는 이론적 용어들, 예컨대 상상계, 상징계, 실재계, 이마고(원형상), 상상적 오인, 욕망의 미끄러짐, 아버지의 법, 기표로서의 남근(팔루스) 등은 이제 부연 설명 없이도 소통될 수 있는 일상적인 보통명사가 되었다.(그 덕분에 역자 역시 라캉 이론을 개략적으로라도 설명할 필요를 느끼지 않는다.)

그런데, 아이러니컬하게도 라캉에 대한 영미권의 이론적 해설서의 번역물과, 라캉의 욕망이론을 분석 틀로 삼은 비평 담론은 봇물 터지듯 넘쳐나지만, 정작 라캉의 원전(예컨대 『에크리』)에 대한 번역 작업은 지지부진하다. 기실 라캉의 수용 양상은 풍문에 기댄 지적 유행의 혐의가 짙다.

그러나, 그럼에도 불구하고 라캉 열풍의 효과는 상당하다. 라캉 고유의 이론적 통찰이 불러온 효과는 말할 것도 없고, 그로부터 파생된 다양한 효과가 우리의 지적 사유를 넓고 깊게 변화시켜왔다. 라캉에게서 비롯된 프로이트의 재발견이 그러하고,(프로이트의 방대한 저작에 대한 본격적인 번역·출판이 이를 입증한다.) 라캉과 직·간접으로 연관되었으나 그 자체로 독창적이고 강력한 힘을 소유한 여러 사상가들에 대한 관심과 이해가 또한 그러하다. 라캉의 효과는 역설적이게도 라캉의 전제專制에서 벗어나는 지점에서 가장 분명하게 나타난다. 그 가운데 하나가 이 책의 주인공 '줄리아 크리스테바'의 발견이다.

크리스테바는 라캉을 공유하지만 라캉을 넘어선다. 그녀의 사유 체계는 라캉의 정신분석학과 더불어, 라캉에게는 결여된 헤겔의 변증법적 사유와 바흐친의 대화주의, 그리고 무엇보다도 페미니즘 등이 공명하는 교향악이다. 그녀의 표현법을 빌리자면, 그녀는 분리된 여러 이질적인 사유들이 교차하면서 새로운 사유를 생성하는 불가사의한 '접면'이다. 그렇다면 크리스테바와 동행하여 우리는 어디로 갈 수 있을까?

우선적으로 우리는 크리스테바 특유의 '기호분석론'과 동행함으로써 문학적(시적) 언어의 의미 생성 과정과 그 효과('혁명')를 인식하고 설명할 수 있다. '기호분석론semanalysis'은 의미를 뜻하는 'sem'과 분석을 뜻하는 'analysis'의 합성어로, 크리스테바가 탐구한 새로운 유형의 기호학, 요컨대 정신분석학적 기호학을 가리킨다. 이는 모든 '말하는 주체'의 언어적 실천, 특히 문학적 담론에 대한 유용한 통찰을 제공한다.

크리스테바의 기호학적 작업에 쓰이는 개념적 도구는 라캉의 상상계와 상징계를 재구성한 '기호계'(기호적 코라)와 '상징계'이다. 크리스테바의 '기호계'는 라캉의 '상상계'와는 사뭇 다르다. 라캉에게 상상계는 상징계에 진입하기 위해 단절해야 할 하나의 단계이고, 따라서 주체에게는 영원히 잃어버린 영토이다. 그와 달리, 크리스테바의 기호계는 전前 오이디푸스 단계에서 주체가 자신의 리비도적 에너지와 충동을 표현하고 방출하는 의미작용의 한 방식을 뜻하는데, 문제는 이 기호계가 주체의 언어적 실천 과정에 지속적으로 개입하여 상징계와 변증법적·상호텍스트적 관계를 형성하면서 의미를 생산한다는 데 있다. 기호계는 사라지는 것이 아니라 상징계의 영원한 반려로 남아 강력한 힘을 발휘하는 것이다.

여기서 중요한 것은 상징적인 언어의 이질적 타자로 정의될 수 있는 기호계의 유입이 가져오는 효과이다. 그것은 바흐친의 '카니발적 담론'처럼 규범적 문법과 의미론에 검열되고 규제되는 상징적인 언어를 위반하고 분열시킴으로써 상징적인 언어로 작동하는 사회문화적 질서를 전복·혁신할 수 있게 된다. 그것이 크리스테바가 말한 시적 언어의 '혁명'이 뜻하는 바이다. 이런 점에서 크리스테바의 기호학은 텍스트의 역동적인 의미 생산 과정과 그것의 정치적 함축을 읽는 문학 이론 및 비평 작업의 한 모델이 되고 있다.

다음으로 크리스테바와의 동행은 우리의 페미니즘 논의에 새로운 논점과 활력을 부여할 수 있다. 크리스테바는 뤼스 이리가레이, 엘렌 식수 등과 더불어 프랑스의 정신분석학적 페미니즘의 한 축을 이룬다. 그녀의 작업은 프로이트와 라캉으로 전개되는 남근주의적 정신분석 이론에 대한 여성주의적 도전이자 전복이다.

프로이트와 라캉의 정신분석학은 주체의 형성 과정을 전 오이디푸스적 어머니와의 분리, 그리고 아버지와의 동일시로 설명한다. 그들의 이론에서 어머니는 단절하거나 거부해야 할 대상이다. 아버지의 법과 기능만을 강조하는 그들의 정신분석이론에 맞서, 크리스테바는 그들이 배제한 전 오이디푸스적 어머니를 복원하여 '기호적 코라'로 개념화한다. 그녀에게 기호적 코라는 아버지의 이름, 법과 거세가 지배하는 상징계에 반하여, 원초적인 리비도의 복수적인 힘이 작동하는, 어머니의 몸과 연결된 전복의 공간이다. 이 '모성적 육체'로서의 기호적 코라는 앞서 본 대로 상징적 언어, 곧 남성적 질서를 깨는 혁명의 언어로서, 그리고 이질적 타자성을 내포한 열린 주체만이 창조할 수 있는 '사랑의 윤리'로서 해석된다.

크리스테바는 임신과 출산으로 집약되는 모성적 경험뿐만 남녀의 성적 차이 또한 긍정적으로 바라본다. 그녀에게 여성성은 여성의 자유를 가로막고 수동성과 의존성을 부과하는 악덕이 아니라 반대로 여성 자신의 신체, 여성 자신의 욕망을 표현하는 미덕으로 재해석된다. 또한 여성성은 모성과 더불어 남성성이 결여하고 있는 사랑의 윤리를 담보함으로써 억압과 배제의 상징적 질서를 혁신하는 데 기여할 수 있다고 간주된다. 이처럼 크리스테바는 남녀의 차이는 부정되고 거부되어야 할 차별이 아니라 긍정되어야 할 차이로, 그리고 섹스와 젠더의 구분은 해체되어야 할 이분법으로 인식한다.

우리의 페미니즘 담론에서 '모성', '성차', '섹스와 젠더' 등의 문제는 첨예한 논쟁의 중심에 놓여 있는 일종의 '뜨거운 감자'이다. 초기의 페미니즘적 사유에서 모성과 성차는 여성의 열등한 지위, 따라서 남녀 차별을 정당화하는 근거로서 부정·거부의 대상으로 간주된다. 그에 따라 생물학적 성(섹스)을 기반으로 한 남성주의적 성차 담론에 저항하는 개념적 무기로 사회문화적 성(젠더)을 창안·사용한다.

이런 시각에서 크리스테바는 남성 판타지 속의 모성 신화를 재생산하고 차이의 역사적 귀결로서의 차별을 은폐하는 반反 여성주의적 사상가로 비난과 오해를 받기도 한다. 반대로 크리스테바는 모성의 거부와 차이의 부정이야말로 남성주의적 틀에 갇힌 자기 부정의 논리에 지나지 않는다고 비판한다. 모성과 성차를 둘러싼 이 같은 논쟁을 거치면서 우리의 페미니즘적 사유가 깊어지고 다양해질 수 있다는 점에서 크리스테바의 '차이'의 페미니즘은 여전히, 그리고 앞으로도 계속 유효하다.

마지막으로, 역자가 보기에 크리스테바 이론의 가장 매력적이고 강력한 개념적 도구는 '아브젝시옹abjection'이다. 아브젝시옹은 상징계가 요구하는 '적절한' 주체가 되기 위해, 즉 안정된 정체성을 확보하고자 이질적이고 따라서 위협적으로 여겨지는 어떤 것들을 거부하고 추방하는 심리적 현상을 가리킨다. 이 과정에서 버려진 것들, 경계 밖으로 제외된 것들이 '아브젝트abject'이다. 주체는 자신의 아브젝트를 배제·추방함으로써 그 경계를 통해 주체로서의 특권적 위치를 구현하고, 사회 역시 경계를 설정한 뒤 반사회적 요소들을 몰아내거나 억압함으로써 질서를 확립한다. 크리스테바의 아브젝트와 아브젝시옹 이론은 프로이트와 라캉의 주체형성이론, 따라서 우리의 문화적·상징적 질서가 분리와 배제의 논리, 경계 설정에 따른 동일화의 메커니즘에 의존한다는 것을 가장 극적으로 드러낸다.

크리스테바는 상징계가 경계의 저쪽으로 몰아내려 한 바로 이 아브젝트의 현존과 그것의 전복적인 작용에 주목한다. 그녀에게 아브젝트는 상징계의 밑바닥, 상징계가 거부하고 숨기며 동시에 '포함해야만' 하는 것이다. 그것은 결코 완벽하게 제거되지 않고 오히려 주체와 사회가 구축한 경계를 허문다. 주체의 정체성과 사회의 질서는 아브젝트의 전복적인 힘 앞에서 늘 불안정과 무질서의 위협을 받지만, 바로 그 덕에 자기동일적 폐쇄성과 규범화된 지배적인 삶의 억압에서 벗어날 수 있는 변화의 가능성을 잃지 않는다. 크리스테바는 내 안의, 나아가 우리 안의 아브젝트, 즉 이질적 타자성의 수용이야말로 주체의 쇄신과 현실의 변혁에 필수적인 요건임을 강조한다. 그것이 바로 그녀가 말한 심리적이고 정치적인 '반항'의 의미이자 효과이다. 이런 점에서 크리스테바의 정신분석학은 또한 정치학이기도 하다.

크리스테바의 다양한 스펙트럼을 관류하는 가장 중요한 이론적 강점은 그녀가 '경계인'의 사유를 보여준다는 데 있다. 그녀의 사유 체계에는 그 자신이 불가리아 출신의 프랑스 지식인으로서, 달리 말해 불가리아의 추방자(망명자)이자 프랑스의 이방인으로서 겪은 실존적 경험이 녹아 있다. 추방자·이방인으로서의 경험이 그녀를 경계의 어느 쪽에도 완전히 귀속되지 않은 경계선상에 위치 지우면서 문학이론, 정신분석, 페미니즘, 정치학 등 다양한 영역에 걸쳐서 이질적 타자성의 의미작용을 탐색하도록 추동한다. 그러나 무엇보다 그녀의 사유에서 발견되는 미덕은, 포스트모더니즘적 사유가 자칫 무정부주의적인 분열과 해체의 미로 속으로 빠져드는 것과는 달리, 경계의 양 극단 사이의 균형을 놓치지 않는다는 데 있다.

이 책은 크리스테바의 복잡하고 난해한 이론의 중심에서 작용하는 핵심 개념과 그것들의 상호 연관성, 그리고 그것이 협주해내는 경계인의 사유를 간명하게, 그러나 오롯이 보여준다. 이 책이 차이와 다름, 즉 타자의 목소리에 귀 기울이는 이론적·실천적 방법을 탐험하고 싶은 독자들에게 유용한 지도가 될 수 있기를 기대한다.

2007년 6월 이부순

차례

■ 옮긴이의 글 _줄리아 크리스테바, 경계인의 사유

왜 크리스테바인가?

헤겔·니체의 계보를 잇는 '주체' 철학자　19
불가리아 학생에서 프랑스 지식인으로　24
1960년대 탈구조주의의 탄생　27
중국 여행과 정신분석　31
철학자 소설가　33
이 책의 구성　34

01_기호계와 상징계

모든 언어 이론은 주체 이론　39
역동적인 의미화 과정　41
의미작용의 두 양식　43
기호적 코라　46
기호계와 상징계의 상호 작용　55
발생텍스트와 현상텍스트　57

02_과정 중의 주체

주체, 언어적 과정의 결과	65
라캉의 영향	66
말하는 존재	79
개방적 체계	85

03_아브젝시옹

나 혹은 경계의 탄생	91
전前 거울 단계	92
아브젝트로서의 어머니	95
문학과 고통 : 셀린의 아브젝시옹	99
파시즘의 비논리	106

04_멜랑콜리

너무 일찍 어머니를 잃은 아이	115
상실한 대상 또는 사물?	116
상징계와의 단절	121
슬픔의 통일성	123
기호 영역으로 나간다는 것	126
네르발, 상속받지 못한 시인	128

05_여성적 윤리학

여성주의가 나아가야 할 '제3의 길'   143
크리스테바의 비평가들   145
'눈물 흘리는 성모'   153
크리스테바의 '과정철학'   163

06_여성의 시간

크리스테바와 새로운 여성주의   173
제1세대 : 같음의 여성주의   176
체계의 한계   179
제2세대 : 차이의 여성주의   181
새로운 세대   188

07_반항

반항하는 주체   197
스펙타클의 사회   200
반항 문화의 필요성   209
그래서 우리는 혁명을 원하는가?   212

크리스테바 이후

크리스테바의 한계와 효과　　225
신체, 텍스트, 여성　　226
크리스테바와 정치학　　229
크리스테바, 철학, 문화　　234

크리스테바의 모든 것

줄리아 크리스테바의 저작　　239
줄리아 크리스테바에 관한 저작　　250
웹사이트　　254

- 참고문헌　　256
- 찾아보기　　260

왜 크리스테바인가?

■ 일러두기

• 이 책에서 자주 인용되는 책들은 본문에 약어로 표기했다. 해당 저서의 자세한 서지 사항은 책 뒤쪽 〈크리스테바의 모든 것〉 참조.

원어 표기 인명이나 지명은 외래어 표기용례를 따랐다. 단, 널리 알려진 이름이나 표기가 굳어진 명칭은 그대로 사용했다. 본문에서 주요 인물(생몰연대)이나 도서, 영화 등의 원어명은 맨 처음, 주요하게 언급될 때 병기했다.

출처 표시 주요 인용구 뒤에는 괄호를 두어 간략한 출처를 표시했다. 상세한 서지 사항은 책 뒤 〈참고문헌〉 참조.

도서 제목 본문에 나오는 도서 제목은 원 제목을 번역 표기하는 것을 원칙으로 하되, 국내에 번역 출간된 도서는 그 제목을 따랐다.

옮긴이 주 옮긴이 주는 〔 〕로 표기했다.

Julia Kristeva

헤겔·니체의 계보를 잇는 '주체' 철학자

줄리아 크리스테바Julia Kristeva(1941~)는 우리 시대에 가장 주목할 만한 사상가로 꼽힌다. 크리스테바는 '말하는 존재speaking being'[라캉과 크리스테바의 중심 개념으로, '말하는 존재'는 언어를 사용하는 인간의 특징을, '말하는 주체'는 인간이 언어적 의미화 과정에서 주체로 구성된다는 점을 초점화한 개념으로 쓰인다.]가 구술문학과 기록문학, 정치와 국가적 정체성, 섹슈얼리티, 문화와 자연을 이해하는 데 결정적인 별자리가 된다고 보는 극히 드문 철학자이다. 다른 사상가들이 이 영역들을 분리된 영역으로 보는 반면, 크리스테바는 말하는 존재가 그 모든 것 사이의 '불가사의한 접면strange fold', 즉 내적 충동이 언어 속으로 흘러들어가고, 섹슈얼리티가 사고와 상호 작용하고, 육체와 문화가 만나는 장소임을 보여준다.

크리스테바의 통찰 속에서는 경계의 어느 쪽도 서로 영향을 주고받지 않을 수 없다. 살아간다는 것은 변화의 상태 속에 있는 것이고, 다양한 힘들의 포위 아래 놓인다는 것이다. 그녀가 하는 대부분의 작업이 정통 정신분석학자가 치료하는 '경계성borderline' 환자들에게 관심을 갖는 이유가 바로 여기에 있다. 그들은 삶의 감정적 차원이 우리의 정신적 중심을 혼란에 빠뜨릴 때 우리가 모두 겪는 바로 그 동일한 상태들을 분명하게 보여준다. 크리스테바의 작업은 소위 주체성이라는 것이 얼마나 늘 박약한 성취에 불과한지, 그것이 왜 결코 완결될 수 없는 역동적 과정인지를 보여준다.

크리스테바와 그 동료들은, '자아self'에 대한 관습적인 이해를 대체할 용어로 '주체성subjectivity'을 제안한다. '자아'는 자신의 의도를 완벽하게 지각하고 세계 내의 자율적인 존재로서 완전하게 행동할 수 있으며, 자신의 이성과 지적 능력의 인도를 받는 존재를 지칭할 때 사용돼온 용어이다. 관습적인 관점에서 '자아'는 언어를 생각의 전달 도구로 사용한다. 자아는 자기가 의미하는 바를 말하고, 자기가 말하는 바를 의도한다. 이 자아는 관념적으로는 그 누구에게도 종속되지 않는 그 자신만의 주인이다.

반면, 주체성이란 용어는 서로 다른 어떤 것을 암시한다. 이 용어를 제안하는 사람들은 서구의 철학적 전통이 인간 존재가 어떻게 인간이 되는지를 극도로 잘못 이해해왔다고 여긴다. 이렇게 생각하는 근거는 이러하다.

첫째, 사람들은 그들의 문화, 역사, 맥락, 관계, 언어 등과 같은 모든 종류의 현상에 종속되어 있다. 이 현상들은 근본적으로 사람이 어떻게 사람이 되는지를 규정한다. 그래서 사람들은 자아가 아니라 주체로 볼 때 더 잘 이해된다.

둘째, 주체들은 자기를 형성하는 모든 현상을 완벽하게 지각하지 못한다. 심지어 그들이 결코 접근할 수 없는 그들 자신의 것, 즉 '무의식'이라 이름 붙여진 차원이 존재하기까지 한다. 무의식은 의식에서는 나타나지 않는 욕망과 긴장, 에너지, 억압 등의 영역이다. 그러므로 주체성의 경험은 '자아'로서 인식되는 경험이 아니라, 주체 자신에게는 잘 알려지지 않은 방식으로 만들어진 정체성을 소유하는 경험이다.

마지막으로, 주체성이란 용어는 사람들과 언어의 관계를 더 잘 설명한다. 주체성이란 용어를 사용하는 사람들은 언어를 자아가 사용하는 도구라고 보지 않고, 언어가 주체를 구성하는 데 도움을 준다고 이해한다.

앞으로 논의하겠지만, 크리스테바는 이 같은 주체성 개념을 출발점으로 삼는 철학적 전통의 한 갈래를 차지한다. 이 전통은 19세기 초반, 자율적이고 자의식적인 개인의 개념에 반론을 제기한 독일 철학자 게오르크 빌헬름 프리드리히 헤겔Georg Wilhelm Friedrich Hegel(1770~1831)의 작업으로 거슬러 올라갈 수 있다. 그러다가 19세기 후반, 마찬가지로 독일의 철학자인 프리드리히 빌헬름 니체Friedrich Wilhelm Nietzsche(1844~1900)가 이 논의를 발전시켜, 단일하고 합리적인 존재로서의 자아 개념이 삶 그 자체와는 반목하는 환상에 지나지 않는다고 주장한다. 20세기에는 일군의 프랑스 철학자들이 헤겔과 니체의 통찰을 좀 더 발전시키는데, 크리스테바는 이러한 철학적 궤적의 한 부분에 위치한다.

1960년대와 70년대에 크리스테바는 철학계와 문학계에 엄청난 충격을 가져온 '탈구조주의post-structuralism' 운동을 예고한 선도적 사상가들 중 한 명이다. 여기서 크리스테바를 별도로 다루는 까닭은, 그녀가 언어와 문화 사이의 접면에서 나타나는 '말하는 존재'를 언어가 어떻게 생산하는지를 이해하는 매우 강력한 도구로 제안했다는 점 때문이다. 이것이 곧 이 서론의 제목 '왜 크리스테바인가?'에 대한 대답이기도 하다. 크리스테바는 주체성이 어떻게 생산되는지, 사람들이 말하고 쓰고 창조할 때 언어가 실제로 어떻게 작동하는지, 그리고 이미 내부의 '타자'와 반목하는 존재들이 어떻게 타자들과 타협하게 되는지 등에 대한 지속적이면서도 함축적인 이해를 제공한다.

얼핏 보면, 줄리아 크리스테바는 사물에 대해 이중적인 사고방식을 지닌 것처럼 보인다. 그녀는 시적 언어가 지닌 혁명적 잠재력에 열중하지만, 그것의 '상징화 무능 상태asymbolia'(의미 상실)를 너무 멀리까지 다루지 않도록 주의를 기울인다. 그녀는 모성적인 그리고 '이단적인'(즉, 기존 질서를 전복시키는 비정통적인) 윤리학에 대한 급진적으로 새로운 이해를 불러내지만, 부성적인 권위에 침윤된 담론(정신분석) 안에서 그렇게 한다. 그녀는 사람들이 어떻게 그들 한가운데에 존재하는 이방인들에게 매혹되면서 동시에 혐오감을 느끼는지를 기록하는데, '이질성foreignness'에 대한 이 같은 태도가 우리의 자아 정체성을 구성하는 필수적인 자질이라고 본다. 그녀는 생물학적 충동과 에너지의 중요성을 지적하며, 그것들이 언어와 문화를 통해서만 이해될 수 있다는 점에 주목한다. 그녀는 여성주의적 의도를 가지고 기술하지만, 여성주의feminism로 알려진 운동에는 비판적이다.

따라서 크리스테바가 모든 면에서 비평가들의 혹평을 받는 것이나, 그녀의 작업이 그토록 자주 오해를 받는 것은 조금도 이상한 일이 아니다. 실제로 1980년대와 90년대 여러 영미 여성주의 철학자들은 크리스테바가 정신분석 이론에 반여성주의적 집착을 보인다며 그녀의 작업을 비난했다.(이 책 뒤 〈크리스테바의 모든 것〉에 제시된 낸시 프래저와 샌드라 바트키의 책에 붙은 주석을 보라.) 그녀의 다양한 저술 스타일은 도움을 주지 않는다. 그녀의 초기 저서들, 예컨대 초기 저서인 『시적 언어의 혁명Revolution in Poetic Language』(1974)은 극도로 이론적이고 추상적이며 거의 과장된 산문체로 유명하고, 「눈물 흘리는 성모 Stabat Mater」(1977)와 『공포의 권력Powers of Horror』(1980) 같은 일부 후기 저서들은 또 다른 종류의 난해함, 일종의 시적 독창성과 다양성을 특징으로 삼는다.

그리고 여전히 우리는 우리 자신의 지적 위험을 각오하고서 크리스테바를 무시하고 폄훼한다. 기실 사물에 대한 그녀의 사고방식은 이중적이지 않다. 그럼에도 그녀의 사고가 모순되어 보이는 것은, 그녀가 우리로 하여금 자연의 '과도함'과 문화의 구속성 사이에서 균형을 찾도록 시도했다는 증거이다. 내가 지금 이 두 영역 사이에서 끌어내는 양극성을 해명하려고 할 때조차도 말이다.

누군가 정신분석 이론과 종교학, 아방가르드 문학과 철학에 이르기까지 널리 펼쳐져 있는 분야의 통찰을 통합하고자 한다면, 크리스테바야말로 우리 시대의 가장 독창적이고 영향력 있는 사상가로 꼽힐 것이다. 그녀는 문학비평과 정신분석 이론, 언어학과 여성주의 철학 등의 지형을 변화시켜왔다. 또한 정치적 이론과 허구적 저술 분야에 과감히 뛰어들었다. 크리스테바는 프랑스 파리에서 텔레비전에 정기적으로 출현하고 끊임없이 새 저서를 선보이는 가장 대중적인 지식인이자, 미국과 영국, 호주 등지에서 개최되는 학술회의 토론단의 정식 회원이다.

불가리아 학생에서 프랑스 지식인으로

크리스테바는 1941년 불가리아에서 태어났다. 의사 교육을 받고 교회의 회계사로 일한 그녀의 아버지는, 공공연히 무신론을 내세운 당시 공산당 정권에 우호적이지 않았다. 이로 인해 어린 줄리아 크리스테바는 공산당 당원이라는 특권을 얻지 못했다. 또 당시 우수 학생들이라면 으레 누리던 특권, 이를테면 국립 프랑스 학교에 입학한다거나 시가행진 때 기를 드는 것 같은 기회도 얻지 못했다. 아버지는 크리스테바 자매를 프랑스 도미니크회 수녀들이 운영하는 학교로 보냈고, 그곳에서 그녀는 불어를 배우며 학창 시절을 보냈다. 여기서 동양권에 대한 공부를 하면서 크리스테바는 러시아 형식주의자들의 작업을 알게 되었다. 2장에서 논의하겠지만, 이들은 20세기 초 10년간 언어의 구조를 규명하려고 애쓴 일군의 언어학자들이다. 그녀는 당시 서구에는 잘 알려지지 않았지만, 20세기를 대표하는 탁월한 사회·문학 철학자인 동유럽의 미하일 바흐친Mikhail Mikhailovich Bakhtin(1895~1975)의 작업도 접했다.

크리스테바는 2차 세계대전 이후 프랑스에서 아방가르드 작가들이 쓴 새로운 스타일의 소설인 누보로망nouveau roman에 대해 박사학위 논문을 쓰던 중에 프랑스 정부가 프랑스에서 공부하고자 하는 젊은 이들에게 자격을 부여하는 장학제도가 있다는 사실을 알게 되었다. 그녀가 다니던 대학의 완고한 공산주의자 학장이 모스크바에 가 있던 1965년, 그녀의 논문 지도교수가 크리스마스 직전에 그녀를 프랑스 대사관으로 데리고 갔다. 그곳에서 크리스테바는 장학금을 수혜하는 데 필요한 시험을 치르고 통과했다. 이 장학금은 이듬해 1월에 도

'주체 철학자' 크리스테바

정신분석 이론과 종교학, 아방가르드 문학과 철학…….

불가리아 태생의 프랑스 철학자 크리스테바가 관심을 갖고 작업하는 분야는 넓고도 다양하다. 그녀는 문학비평과 정신분석 이론, 언어학과 여성주의 철학은 물론이고, 정치 이론과 픽션 저술에도 과감히 뛰어들었다. 뿐만 아니라, 크리스테바는 TV에 정기적으로 출현하고 새 책도 끊임없이 출간하는 대중적 지식인이기도 하다.

착하기로 되어 있었는데, 크리스테바는 학장이 돌아와 유학길을 막을지도 모른다는 염려에 주머니 속에 든 단돈 5달러만 들고 바로 파리로 떠났다.

크리스마스 전날 파리에 도착한 크리스테바는 우연히 불가리아인 저널리스트와 만나 장학금이 올 때까지 그와 함께 지냈다. 그 다음엔 생각지도 않게 새로운 지식인 세대와 합류하게 되었다.

> 1965년 말에 나는 파리 고등실업연구원의 뤼시앵 골드만과 롤랑 바르트의 문하에 들어가게 되었다. 뤼시앵 골드만은 동유럽 출신인 내가 타고난 마르크스주의자일 것이라고 확신한 듯 나를 그의 '소설사회학' 세미나에 열광적으로 받아들여주었다.(Kristeva 1997 : 7-8)

루마니아 출신의 망명 동료이자 문학 이론가인 뤼시앵 골드만Lucien Goldman(1913~1970)은 헤아릴 수 없을 만큼 많이 크리스테바를 도와주었다. 크리스테바에 따르면, '그것은 조국에서 추방당한 사람들만이 줄 수 있는 그런 종류의 도움이었다.'(Kristeva 1997 : 8) 그 후 골드만은 소설의 기원에 대해 쓴 그녀의 논문을 지도했다. 문학 이론가 롤랑 바르트Roland Barthes(1915~1980)에 관해서는 이렇게 말했다. '롤랑 바르트의 가르침은, 내가 환원적이고 호소력 있다고 느낀 형식주의를 이해하는 그 능력 때문에 나를 매혹시켰다.'(Kristeva 1997 : 8) 이 모임에서 그녀는 인류학자 클로드 레비 스트로스Claude Lévi-Strauss(1908~), 언어학자 에밀 방브니스트Émile Benveniste(1902~1976), 정신분석학자 자크 라캉Jacques Lacan(1901~1981), 철학자 미셸 푸코Michel Foucault(1926~1984) 등을 만났다. 그 밖에도 구조주의structuralism, 말하자면 친족 관계에서 언어와 무의식에 이르기까지 모든 것에서 구조를 찾고 분석하는 구조주의적 방법론으로 다양하게 작업하는 사람들을 만났다.

1960년대 탈구조주의의 탄생

크리스테바는 예리한 지성과 러시아 형식주의Formalism(구조주의의 독창적인 표현들 중 하나로, 2장에서 자세히 설명할 것이다.)에 대한 배경 지식 덕에 곧바로 명성을 얻었다. 당시 파리의 지식인들에게 그녀가 어떤 첫인상을 심어주었을지는 그녀가 제출한 소논문에서 엿볼 수 있다. '나는 현재 서구에는 잘 알려지지 않은 어떤 사람, 즉 미하일 바흐친과 상호텍스트성, 대화, 소설의 카니발화 등과 같은 개념들을 소개했다.'(Kuprel 2000) 크리스테바는 곧 첫 저서 『세미오티케: 기호분석론Semiotiké : Reacherches pour une sémanalyse』에서 이렇게 기술했다.

> '학자'이자 작가이기도 한 바흐친은 정태적인 텍스트 분석을 문학적 구조가 단지 '존재하는' 모델이 아닌, 또 다른 구조와 관련하여 생성되는 모델로 대체한 최초의 사람이다. 구조주의에 역동적인 차원을 부여한 것은 '초점point'(고정된 의미)이라기보다는 오히려 '텍스트 표층들의 교차', 말하자면 저자와 수신자(또는 인물character) 그리고 동시대이거나 이전의 문화적 맥락의 여러 저술들 사이의 대화를 의미하는 '문학적 언어'라는 개념이다. (Kristeva 1980 : 64-65)

크리스테바는 '문학적 언어literary word'는 시적 언어와 동일한 것으로, 그 논리는 바흐친이 '카니발carnival'이라 명명한 것에서 발견된다고 설명한다. '카니발풍의 담화는 문법과 의미론으로 검열되는 언어 법칙을 위반한다. 동시에 그것은 사회적이고 정치적인 저항이 된다.'(Kristeva 1980 : 65) 바흐친에 대한 그녀의 설명과 확장이 널리 인정받게 되면서, 크리스테바는 바로 미국에서 강의할 수 있는 일자리를 제안받는다. 그러나 그녀는 미국의 베트남전 수행을 이유로 그 제안을 거절한다.(Guberman 1996 : 5) 그리고 《텔 켈Tel Quel》지의 편집위원으로 구성된 소위 '텔 켈' 그룹에 참가한다. 프랑스 소설가 필리프 솔레르Philippe Sollers도 이 그룹의 일원이었는데, 크리스테바는 그와 결혼하여 1970년대 중반에 아들을 낳는다.

1960년대 중반은 파리, 특히 크리스테바가 지금도 고향이라고 부르는 레프트 뱅크 4번가에서 지내던 황홀한 시기였다. '텔 켈'의 일원으로 인터뷰를 했던 크리스테바는 이렇게 토로했다. "우리는 수많은 사람들이 모여 철학과 문학 토론을 벌이던 렌 시 55번가에서 밤이 새도록 치열하게 토론했었다. 그 생기 넘치는 지적 세계는 내게 폭 넓게 살 수 있을 것이라는 확신을 심어주었다."(Guberman 1996 : 6) 당시 파리에는 성적으로는 말할 것도 없고, 지적으로나 정치적으로 혁명의 분위기가 팽배했다. 지적인 측면에서 이 혁명은 역사와 변화의 역동성, 특히 크리스테바에게는 살아 숨쉬는 '말하는 존재'에 대한 이론적 고취를 목표로 삼았다.

우리에게 구조주의는 …… 이미 수용된 지식이었다. 간단히 말해, 그것은 우리가 더는 현실적 제약, 우리가 늘 말하던 대로라면 '물질material', 이전에는 그저 '형태form'로 간주되던 것을 간과하지 않게 되었음을 의미한다. 우리에게 이러한 형태적 실재의 논리는 나중에 (친족 관계에서부터 문학 텍스트에 이르기까지) 구조가 되고, 그리하여 꼭 '외부적 요소'에 의존하지 않고서도 이해할 수 있는 바로 그 현상 혹은 사건의 의미를 구성했다. 그러나 처음부터 우리의 과제는 이 획득된 지식을 가지고 즉각 다른 어떤 것을 하는 것에 있었다. (Kristeva 1997 : 9)

이 지식인 모임에서 크리스테바와 다른 사람들은 "다른 어떤 것을 하고자" 구조주의의 통찰을 개조한다. 그들이 생각한 어떤 것이란 정치적이면서 동시에 철학적이었는데, 왜냐하면 그들은 어떠한 언어적 개입도 또한 정치적인 것이라고 믿었기 때문이다. 즉, 그들은 체계 system의 역동적이고 변화하는 국면을 찾고자 한 것이다. 구조주의가 체계를 공시적으로(시간의 스냅사진식으로) 검토한다면, 탈구조주의는 체계를 사건이나 과정처럼 역사적·통시적으로 검토한다. 그녀는 나중에 인터뷰 자리에서 낯익은 '구조주의structuralism'의 수정으로 '탈구조주의post-structuralism'라는 용어를 쓰며 기자에게 이렇게 말한다. "나는 탈구조주의의 한 유형을 발전시키는 데 힘을 보탠 사람들 중 한 명이다."

탈구조주의는 그것이 역사, 시간, 과정, 변화, 사건 등을 끌어들였다는 점에서 새로웠다. 탈구조주의는 구조주의가 사물을 이해하는 정적인 방식을 해체했다. "내 생각은 단순한 구조를 가지고서는 문학과 기타 인간 행위의 의미 세계를 이해하는 데 충분하지 않다는 것이었다. 역사와 말하는 주체speaking subject라는 두 가지 요소가 더 필요했다."(Kuprel 2000)

크리스테바와 다른 탈구조주의자들은 앞서 소개한 '자아the self' 개념을 버리고 역사, 언어, 기타 결정력의 변화에 종속된 '말하는 존재' 개념을 제안한다. 크리스테바가 탈구조주의에 끼친 공헌은 같은 그룹의 성원으로 더 유명한 철학자인 자크 데리다Jacques Derrida(1930~2004)의 그늘에 묻히는 경우가 많은데, 데리다는 스위스 언어학자이자 구조언어학의 창시자인 페르디낭 드 소쉬르Ferdinand de Saussure(1857~1913)가 제시한 언어 이론을 바탕으로 언어와 구조주의 자체를 '해체하는deconstruct' 방법을 창안했다. 그러나 데리다가 구조주의를 해체하는 데 관심을 가졌다면, 크리스테바는 "한편으로는 말하는 주체와 그 무의식적 경험을, 다른 한편으로는 다른 사회 구조들의 압력을 숙고하여 구조를 '역동적으로 만드는 것'"(Kristeva 1997 : 9)이 더 중요하다고 여겼다.

이를 위해 크리스테바는 소설의 기원을 다룬 논문을 완성한 뒤, 그녀의 가장 중요한 저서로 꼽히는 『시적 언어의 혁명La révolution du langage poétique』(1974) 집필에 착수한다. 이 책의 일부가 10년 후 『시적 언어의 혁명Revolution in Poetic Language』으로 영역된다. 여기서 크리스테바가 말하는 '혁명'이란 스테판 말라르메Stéphane Mallarmé(1842~1898)와 콩트 드 로트레아몽Comte de Lautréamont(1846~1870) 등 프랑스의 아방가르드 작가들이 수행한 혁명을 가리킨다. 그들의 시적 언어는 의미작용의 상징적이고 논리적이며 규칙적인 양상을 동요시키는 의미화 과정의 국면을 끌어들인다. 이 이야기는 다음 장에서 상세하게 다룰 것이므로, 여기서는 시적 언어에 대한 크리스테바의 관심은 주체성이 실제로 얼마나 역동적인지를 보여준다는 정도로 이해하고 넘어가자.

중국 여행과 정신분석

언어적 혁명이 아닌 정치적 혁명은 1968년 5월 파리의 학생과 노동자들이 대중 파업을 일으키며 도시를 봉쇄한 사건과 관련이 있다. 1968년 5월 당시 전세계적으로 비슷한 저항운동이 있었는데, 특히 파리에서는 노동자와 학생 그리고 세계를 변화시키려고 애쓰는 지식인들이 합류하여 그 꿈이 거의 실현될 것처럼 보였다. 그러나 곧 그 모든 바람은 좌절되었다. 그리고 그 꿈을 좌절시킨 배신자 명단에 프랑스 공산당, 많은 지식인들이 자신들과 같은 이상을 품고 있다고 믿은 바로 그 정당이 들어 있음이 밝혀졌다. 신진 혁명가들의 상심은 매우 컸다.

   그래도 '텔 켈' 그룹의 활동은 계속됐다. 1974년에는 마오이즘Maoism, 즉 중국의 공산주의 지도자 마오쩌둥毛澤東(1893~1976)이 발전시킨 공산주의 접근법에 매료되어 크리스테바를 비롯한 몇몇 구성원들이 어느 저널리스트가 말한 대로 "사회주의가 그들이 프랑스와 견줄 만하다고 생각하던 고대의 신비주의 문화와 어떻게 조화를 이루는지"(Hughes-Hallett 1992) 확인하고자 3주간 중국을 여행한다. 그리고 아무리 좋게 얘기한다고 하더라도 그들은 실망했다. 크리스테바는 나중에 회고록에서 이렇게 밝혔다. '나로 말하자면, 뿌리 깊고 전혀 쇠퇴하지 않은 소련 모델의 교활한 현존에 놀랐다. (이 모델은) 폭력적으로 유지된다는 점에

서 더욱더 분명한, 농민의 땅에서 본 20세기의 유일한 기호였다.'(Kristeva 1997 : 19)

크리스테바 일행은 중국에서 자신들이 추구하는 천상의 사회주의 대신에 크리스테바가 불가리에서 이미 겪은 바 있는 소련식 공산주의의 종말 징후를 발견했다. 중국 여행은 크리스테바가 나중에 말하는 대로 "정치와의 결별"을 예정한다.(Kristeva 1997 : 19) 그러나 이 여행은 예기치 않은 결실로 이어지는데, 그녀가 나중에 스스로 "서투른 책"이라고 일컬은 『그림자 연극Des Chinoises』(1974)을 낳았기 때문이다. 그 내용의 일부가 '중국 여성에 대하여'란 제목으로 영어로 번역되었다. 그리고 그것은 토릴 모이Toril Moi의 『크리스테바 독자The Kristeva Reader』(Kristeva 1986)로 출판된다. 이 책에서 크리스테바는, 동양을 열등한 타자로 묘사한 "동양학자orientalist"라고 자신을 비난한 비평가들을 겨냥한 듯 '중국의 기묘함을 전달하고, 우리 서양인들이 거기에 느끼는 매혹, 요컨대 우리 자신의 낯설고 이국적이며, 여성적이며 정신병적인 국면들과 관련된 매혹을 설명하려고 노력했다.'(Kristeva 1997 : 19, Oliver 1993 : 150-163)고 말한다.

중국은 크리스테바에게 그녀가 마주칠 필요가 있었던 내부 영토의 섬광을 제공한다. 파리로 돌아온 뒤 그녀는 '우리가 한 번도 가본 적이 없는 유일한 대륙'(Kristeva 1997 : 19)을 독학하는 길로 정신분석학을 연구하기 시작한다.

정신분석적 경험은 말하는 존재와 언어의 야수성을 들을 수 있는 유일한 것으로 나에게 충격을 던져주었다. 정신분석이 솔직하게 드러내는 욕망과 증오의 배경에 대항하는 정치적 모험들이 내게는 거리distance가 그것들을 변화시키는 방식인 것처럼 보인다. 공포의 힘과 아브젝시옹abjection〔주체가 상징적 질서에 진입하는 과정에서 자신의 적절한 정체성 형성을 위협한다고 여기는 더럽고 역겨운 것(아브젝트)을 추방하고 배제하는 심리적 현상〕처럼 말이다.(ibid)

뒤이은 크리스테바의 이론적 작업은 이 새로운 관심을 반영한다. 1960년대와 70년대의 저술이 기호학과 언어에 초점을 맞췄다면, 1980년대의 텍스트들은 말하는 주체의 정신분석적 경험을 출발점으로 삼았다. 나중에 그녀는 자신의 작업을 "미시적 차원의 정치학", 곧 개인적 차원의 정치학이라고 부른다. 그녀는 정신분석이 세계적으로 보아 정치적 억압으로 나아가는 외국인 혐오증에 대한 정치적 치료법일 수도 있다고 주장한다.(Kristeva 1991)

철학자 소설가

1990년대 들어 크리스테바의 저술은 두 가지의 새로운 전환을 보인다. 우선, 그녀는 '할렘 데지르에게 보내는 공개서한Open Letter to Harl -em Désir'으로 영역되어 『국가주의 없는 국가Nations without Nationalism』(1993)로 출판된 『할렘 데지르에게 보내는 공개서한Lettre luverte à Harlem Désir』을 비롯한 몇몇 정치학 에세이로써 (거시) 정치적 세계로 되돌아간다. 그리고, 『사무라이The Samurai』(1992)와 『노인과 늑대들The Old Man and the Wolves』(1994)을 비롯하여 추리소설 『포세시

옹 : 소유라는 악마*Possessions*』(1996) 등으로 번역된 책을 출판하며 소설로 나아간다.

크리스테바는 현재 파리 제7대학 박사과정 교수로 재직하며, 언어학과 문학 및 문화 강의를 하고 있다. 또한 정신분석의로 활동하며, 뉴욕의 콜롬비아대학과 캐나다 토론토대학에서 객원교수로 있다. 그녀는 여전히 많은 작품을 내놓는 다작多作 작가로서, 최근에는 게르만계 미국인 이론가인 한나 아렌트Hannah Arendt, 정신분석학자 멜라니 클라인Melanie Klein, 프랑스 작가 콜레트Colette의 저술과 생애를 연구하고 있다.

이 책의 구성

이 책의 핵심은 크리스테바의 주요 사상을 검토하는 것이다. 크리스테바의 탈구조주의는 말하는 주체, 즉 의미화하고 의미화 실천으로 구성되는 인간 존재에 초점을 맞춘다. 때문에 그녀의 언어 이론을 주체성 이론과 따로 떼어놓고 연구하기란 불가능하다. 이 같은 난해함으로 인해 크리스테바의 연구 과제와 핵심 용어를 설명하는 책을 쓰는 일은 일종의 도전이다. 그래서 이 책의 여러 장에서 다루는 테마들은 서로 융합될 것이다.

1장에서는 크리스테바의 혁신적 텍스트인 『시적 언어의 혁명』에 나타나는 요점을 살핀다. 이 텍스트에는 여전히 그녀의 작업에서 가장 중요한 국면으로 꼽히는 언어 이론과 기호계와 상징계 이론 등이 담겨 있다.

2장에서는 크리스테바가 내놓은 언어 이론의 토대를 이루는 주체성 이론과, 이 주체성이 항상 "과정 중에" 있는 방식을 살펴볼 것이다.

3장에서는 이 주체성이 무너질 수 있고, 그 경계가 확고하게 유지되지 못하는 방식, 그리고 크리스테바가 새로운 정신적 공간을 개발하고자 찾고 있는 가능성 등을 살핀다.

4장에서는 우울증과 멜랑콜리〔우울증의 두 유형인 '대상적 우울증'과 '나르시스적 우울증' 가운데 후자를 지칭하는 크리스테바의 용어〕 관련 연구를 개관하고, 5장과 6장에서는 그녀의 작업에 대한 다른 여성주의자들의 비평을 포함하여 모성성, 여성 섹슈얼리티, 여성주의 등을 살필 것이다.

7장에서는 크리스테바의 언어, 정치, 주체성 등에서 반항의 중요성을 논의한다.

마지막 장인 〈크리스테바 이후〉에서는 크리스테바의 사상이 문학 연구와 대륙철학, 여성주의 이론, 정치 이론 등 여러 방면에 끼친 영향을 살핀다. 크리스테바의 텍스트를 처음으로 공부하는 사람들을 위해 책 뒤에 크리스테바의 주요 저작물 목록을 주석과 함께 제공하고, 크리스테바를 다룬 괜찮은 관련 도서와 웹사이트도 소개했다.

01

기호계와 상징계

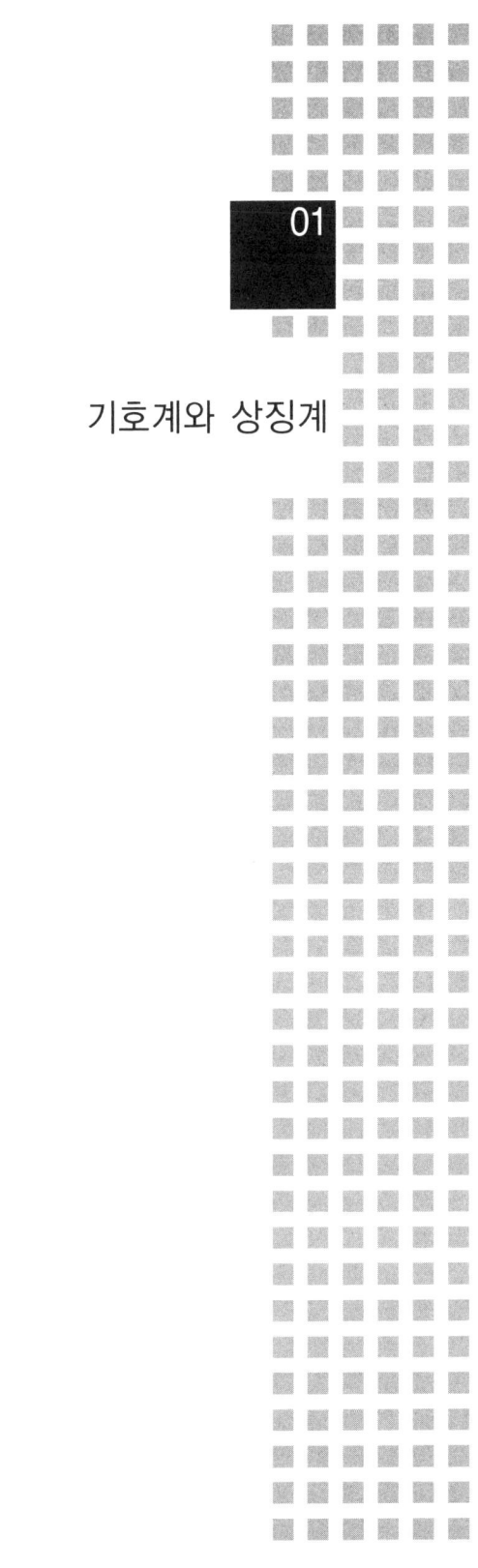

Julia Kristeva

모든 언어 이론은 주체 이론

이 장에서는 '코라chora', 기호계the semiotic, 상징계the symbolic 등의 개념을 비롯하여 크리스테바의 언어 이론의 핵심 내용을 다룰 것이다. 크리스테바는 초기 저서들, 특히 1969년의 『세미오티케 : 기호분석론*Semiotiké : Recherches pour une sémanalyse*』과 1974년의 혁신적인 텍스트 『시적 언어의 혁명*La révolution du langage poétique*』에서 이 주제를 처음으로 탐구한다. 『세미오티케』는 본문 중 두 장이 영어로 번역되었고, 『시적 언어의 혁명』은 전체 텍스트의 3분의 1만이 영어로 번역되어 1984년에 『시적 언어의 혁명*Revolution in Poetic Language*』으로 출판되었다.

『시적 언어의 혁명』 영어판은 텍스트의 이론적 부분만 취하고, 아방가르드 작가들의 문학작품에 대한 비평 부분은 생략했다. 그런데 본래 이 텍스트의 탐구 주제는 바로 이것, 아방가르드 작가들의 문학작품이 '시적 언어 측면에서 혁명'을 생산한다는 것이다. 즉, 이 작품들은 우리가 텍스트들이 의미를 갖는다고 생각하는 방식을 분쇄하는 요소들을 포함한다는 것이다. 의미는 생각이나 사물을 지시하는 단어들을 써서 단지 지시적으로만 만들어지지 않는다. 의미는 주로 텍스트들의 시적이고 정서적인 양상에 따라 만들어진다. 이 '혁명'은 예술가의 언어에만 한정되지 않고, 평범한 인간이 자신을 표현하고자 하는 모든 면에서 나타난다. 언어를 적절하고 분명하며 규범적인 방식으로 사용하려는 시도는 모두 적절하고 확실하게 경계 지워진 질서 정연한 주체이고자 하는 시도의 산물이다. 그러나 그러한 시도는 우리의 의미화 실천 속에 나타나는 어떤 요소들로 인해 지속적으로 방해받는다.

줄리아 크리스테바는 저술 전체에 걸쳐서 '말하는 존재', 즉 언어를 사용할 뿐만 아니라 바로 그 언어의 사용으로 구성되는 존재들에 관심을 집중시킨다. 크리스테바는 언어가 '말하는 주체가 자신을 구성하고 해체하는' 추론 체계 또는 의미화 체계라고 기술한다. (Kristeva 1989b : 265, 272) 미국 밴더빌트대학의 켈리 올리버Kelly Oliver가 지적한 대로, 크리스테바의 관점에서는 "어떤 언어 이론일지라도 그것은 모두 주체 이론이다."(크리스테바에 대한 올리버의 서문을 보라.(1997 : xviii))

그래서 크리스테바는 두 가지의 거대한 탐구 영역, 즉 주체성과 언어를 하나로 포갠다. 그녀 작업에 담긴 이 이중적 국면 때문에 크리스테바에 대한 책을 쓰는 것이 어려운 것이다. 그녀의 주체성 이론을 논하지 않고서는 그 언어 이론을 검토할 수 없다. 그 반대도 마찬가지이다. 곧 확인하겠지만, 언어에 대한 그녀의 견해는 언어를 사용하는 존재들과 분리시킬 수 없다. 크리스테바가 보기에, 언어는 때때로 꺼내 쓰는 도구가 아니다. 말하는 존재가 어떤 방식으로 말을 하거나 언어를 사용하지 않는 경우란 상상하기 어렵다. 이처럼 바로 우리가 언어를 사용하는 작업에 참여한다는 점이 문제를 더욱 복잡하게 만든다.

역동적인 의미화 과정

크리스테바의 언어 이론에 접근하는 한 가지 방법은, 그녀가 『시적 언어의 혁명』을 쓰던 당시에 일반적으로 수용되던 다른 이론들과 비교하는 것이다. 그 이론들에 대한 크리스테바의 견해는 좀 가혹하다. '언어를 관념의 체현으로 보는 우리의 언어철학은 문서 보관자, 고고학자, 시체 애호환자의 사고와 조금도 다를 바가 없다.'(Kristeva 1984 : 13) 바꿔 말하면, 언어에 대한 가장 비非탈구조주의적 이론은 언어를 죽은 인공물, 즉 목록에 수록되고 보관소에 저장되고 매장될 수 있는 어떤 것, 요컨대 연구의 형태적 대상물로 간주한다는 것이다. 그 이론들은 좀 더 큰 사회경제적인 힘, 즉 자본주의에 기대어서 그렇게 한다. 그리고 사람들과 그들이 쓰는 언어를 분리 가능한 정태적인 실체로 취급한다. 그렇게 함으로써 그 이론들은 사람들이 의미와 경험을 생성하는 역동적 과정을 부정한다.

크리스테바는 레프트 뱅크 모임 회원들과 함께 그 모든 것을 변화시키는 연구에 착수한다. 이들은 언어를 분리되고 정태적인 실체로 보지 않고, 역동적인 '의미화 과정signifying process'의 일부로 본다. 크리스테바는 결코 이 핵심 용어를 분명하게 규정하지는 않지만, 이 의미화 과정은 육체적 충동과 에너지가 표현되고, 말 그대로 언어를 사용함으로써 방출되는 방식, 그리고 우리의 의미화 실천이 주체성과 경험을 형성하는 방식을 의미하는 듯 보인다. '언어적 변화는 '주체의 지위', 예컨대 주체가 육체와 타자 및 대상들과 맺는 관계에서 일어나는 변화를 구성한다.'(Kristeva 1984 : 15) 켈리 올리버는 의미화 실천과 관련하여 크리스테바의 견해를 이렇게 기술한다.

크리스테바는 언어 속에서 잃어버리고 부재하거나 불가능한 것 때문에 슬퍼하지 않고, 언어로 가공되는 이 다른 영역(즉, 육체적 경험)에 경탄한다. 언어의 힘은 언어 속으로 유입되는 활발한 추동력이다. 의미작용은 마치 살아 있는 육체가 언어 속으로 흘러들어가는 것과 같다.(Oliver 1997 : xx)

그래서 우리는 언어를 '발화의 주체', "의미하는' 주체', 더 간단히는 말하거나 쓰고 어떤 것을 표현하려 애쓰는 사람과 분리해서 연구할 수 없다. 왜냐하면 이 말하는 존재 자신의 살아 있는 에너지가 의미를 언어 속으로 주입하기 때문이다. 이러한 현상의 가장 훌륭한 사례는 부정적인 것이다. 정신과 의사가 '정동情動·affect'이라고 명명하는 것, 다시 말해 분명한 느낌이나 감정을 결여한 어떤 사람과 얘기를 나누는 상황을 생각해보라. 종종 심한 우울증 환자에게서 이런 증상이 나타나는데, 이런 사람의 말에는 말에 의미를 불어넣는 통상적인 리듬과 억양이 거의 없다. 그/그녀는 아무 열정 없이 말을 하고, 대화에 거의 참여하지 않는 것처럼 보인다. 그러면 청자는 발화된 말 중 거의 아무것도 건져내지 못할 것이다. 그 말들이 실재적이거나 어떤 중요한 바를 의미하는 것처럼 보이지 않기 때문이다.

흥미롭게도, 사회적 환경 속에서 이루어지는 우리의 일상적인 언어 사용은 일반적으로 언어의 '과잉', 달리 말해서 의미화 실천이 주체와 그/그녀의 의사소통 구조를 넘어서는 잠재적으로 폭발적인 방식을 억제하려 노력함으로써 작동한다.(Kristeva 1984 : 16) 이러한 과잉은 이 사회적 질서를 교란할 수 있는 격정이 예술, 종교, 제의祭儀 등 다른 방향으로 돌려지는 영역에서는 허용되었다. 그러나 '예의

바른 사회'에서는 우리 모두 '자신을 억제하라'는 요구를 받는다. 우리는 우리 자신을 위해 언어의 두 극 사이에서 질서를 교란하는 정동과 표현이 거의 없는 길을 찾아야만 한다.

의미작용의 두 양식

실제로 의미화 과정 속의 언어에 주목할 때, 우리는 언어가 작동하는 두 가지 방법 또는 양식을 인지할 수 있다고 크리스테바는 말한다. 여기서 두 양식은 (1) 분명하고 규범적인 의미의 표현, (2) 느낌의 환기, 더 분명하게 말하면 주체의 에너지와 충동의 방출을 말한다. 달리 말해서, 우리는 우리 스스로 어떤 말들이 어떤 것을 명확하게 이해시키기 때문에 혹은 그 말들이 어떤 느낌이나 욕망, 무의식적 충동을 표현하기 때문에 그 말들을 사용한다는 사실을 발견하게 된다는 것이다. 이 양식들을 지칭하는 크리스테바의 용어가 각각 '상징계symbolic'와 '기호계semiotic'이다. 이 두 용어는 언어 이론과 정신분석 이론의 풍부한 배경에 의존하므로, 그에 관해서 간략하게나마 언급하는 게 좋겠다. 먼저, 제임스 조이스James Joyce의 소설 『율리시스*Ulysses*』의 마지막 부분에 나오는 몰리의 독백을 보자.

당신을 위해 태양이 비추고 있소 하고 우리들이 하우스 언덕의 만병초 꽃 숲 속에 누워 있었을 때 그이가 내게 말했지 그이는 회색 트위드 슈트에 밀짚모자를 쓰고 있었어 그날 나는 그이가 내게 구혼하도록 해주었지 그렇지 먼저 나는 입에 넣고 있던 씨앗 과자 나머지를 그의 입에 밀어 넣

어줬지 그런데 그해는 올해처럼 윤년이었어 그렇군 벌써 16년 전이야 맙소사 그 긴 키스가 끝나자 나는 거의 숨이 막힐 지경이었지 그래 그이는 나를 야산의 꽃이라 했어 그렇지 우리는 꽃이야 여자의 몸은 어디나 할 것 없이 맞아 그것이 그이가 생전에 말한 단 한 가지 참된 바였어 그리고 오늘은 태양이 당신을 위하여 비친다고 말이야 그래 그것이 내가 그이를 좋아하게 된 이유였어 왜냐하면 나는 그이가 여자가 어떤 것인지 이해하거나 느낀다는 걸 알았으며 그이 같으면 언제나 마음대로 할 수 있으리라는 걸 알았기 때문이지 그리하여 나는 줄 수 있는 모든 기쁨을 그이에게 주어 드디어 그이가 내가 좋아 라고 말하도록 했어.(643)

믿지 못하겠지만, 나는 몰리의 독백 가운데서 그래도 조리 있는 구절을 고른 것이다. 이 구절은 크리스테바가 논의하는 두 양식으로 의미를 표현한다. (1) 상징적으로, 즉 논리적 단어들을 사용하여, (2) 기호적으로, 즉 논리적이기보다는 감정적인 단어들의 숨 막힐 듯한 (쉼 없는) 흐름으로 의미를 표현한다. 이 구절은 분명 최소한 조이스의 기호적 의미작용이 몰리의 의식의 흐름을 생산하도록 하는 한, 상징적 양식보다는 기호적 양식으로서의 특징을 더 많이 지닌다. 몰리는 시간과 시점에서 앞뒤로 이동한다. 우리는 몰리의 희열(주이상스 jouissance, 에로틱한 동시에 심리적인 즐거움을 뜻하는 말로 크리스테바가 즐겨 사용하는 용어)을 충분히 느낄 수 있다. 우리는 몰리의 의식의 흐름 속에서 그녀의 검열되지 않은 생각을 읽는다. 이것이 기호적 의미작용의 중요한 부분이다. 몰리의 산문은 내적 욕망과 충동의 원천에서 거의 자발적으로 흘러나온다. 혹은 적어도 조이스의 글쓰기가 그렇게 하는 것 같다.

　기호계와 상징계의 차이를 이해하기 위해 이 이분법이 더 낯익은 이분법, 예컨대 자연/문화, 육체/정신, 무의식/의식, 감정/이성 등을 구분하는 이분법들과 겹쳐진다고 가정해볼 수 있다. 서구 사상사에서 이 이분법들은 보통 극단적인 대립 관계에 기초한다. 말하자면 우리는 야만적인 짐승이 아니면 교양 있는 인간이고, 열정으로 행동하지 않으면 머리를 사용하고, 감정의 지배를 받든가 아니면 이성에 따라 조종된다. 이러한 유의 양극성과 크리스테바가 사용하는 용법 간의 차이는, 전자의 극(기호계/자연/육체/무의식 등등)이 항상 그 자신을 후자의 극(상징계/문화/정신/의식) 속으로 드러내거나 혹은 방출한다는 점이다. 크리스테바는 서구의 이원론적인 사상에 집착하지 않고, 이 이분법의 극들이 어떻게 서로 얽히는지를 보여준다.

　어떤 점에서는 의미작용의 상징적인 양식과 기호적인 양식이 서로 불화하는 듯 보인다. 그럴 수도 있겠지만, 조이스가 상징적 양식의 의미작용(경계가 명료한 의미의 말들)과 기호적 양식의 의미작용(질서를 무력화시키는 통사 구문)을 결합시켜서 몰리가 하는 말들이 총합 이상의 어떤 것을 의미하도록 한다는 것 또한 분명한 사실이다. 우리는 여기서 순수한 논리도 순수한 음악도 갖지 못한다. 우리가 갖게 되는 것은 기호적 차원으로 활성화된 의미작용의 상징적 양식(의미론적 질서 속에 주어진 말들)이다. 몰리는 "긴 키스가 끝나자 나는 거의 숨이 막힐 지경이었지"라고 말하고, 말들은 텍스트의 숨 막힐 듯한 기호적 리듬으로 활성화된다. 이것이 바로 크리스테바가 강조하는 핵심이다. 의미작용의 상징적 양식은 기호계가 활성화된다는 점 때문에 의미를 갖는다. 말하는 존재가 육체적 에너지를 가져다가 언어로 바꾸지 않는다면, 언어는 설령 의미가 있다고 하더라도 아주 조금밖에는 없을 것이다.

기호적 코라

주체가 언어를 상징적으로, 즉 상징과 문법과 통사를 써서 사용하기

> 기호계the semiotic와 상징계the symbolic 크리스테바의 이론에서 의미화 과정은 두 양식, 즉 기호적 양식과 상징적 양식으로 이루어진다. 기호계the semiotic(기호 연구를 의미하는 기호학la semiotique이 아니라, le semiotique)는 육체적 에너지와 정동affect이 언어 속으로 침투해 들어가는 비언어적인 방식이다. 기호계는 주체의 충동과 표현을 모두 포함한다. 기호계는 언어적으로 표현될 수 있지만, 일상적인 통사적 규칙을 따르지 않는다. 반대로 상징계the symbolic는 문법과 통사를 갖춘 기호 체계로서의 언어에 의존하는 의미화 방식이다.(Kristeva 1984 : 27) 또한 말하는 존재가 가능한 한 모호하지 않게 의미를 표현하려는 의미화 양식이다.
> 과학자와 논리학자의 표현이 상징적 언어를 사용하려는 사람들의 전형적인 사례라면, 음악·무용·시 등에서 발견되는 표현은 기호계의 사례를 보여준다. 기호계가 무의식에서 기원하는 표현 양식으로 보인다면, 상징계는 (쓰거나 말하거나, 혹은 기호 언어로서의 제스처를 사용하든지 간에 상관없이) 안정된 기호 체계를 사용하여 표현하고자 하는 의식적 방식으로 이해될 수 있다. 그러나 이 두 양식이 완전히 분리된 것은 아니다. 우리는 위치position를 안정시키고자 상징적인 의미화 양식을 사용하지만, 이 위치는 기호적 충동과 표현으로 불안정해지고 동요할 수 있다.

전에 주체는 다양한 억양과 제스처로 자신을 표현하다. 아기가 옹알이를 하거나 부모가 하는 말의 리듬을 흉내내는 것을 생각해보라. 이런 종류의 의미화가 크리스테바의 '기호계'를 구성한다. '우리는 '기호적'이란 용어를 이 말의 그리스어 의미에서 이해할 수 있다. '기호적'이란 말은 그리스어 σημεῖον(semeion)에서 왔는데, 이 말은 변별적 표지, 자국, 표지, 징조 기호, 증거, 각인되거나 씌어진 기호, 흔적, 상형象形 등의 의미로 쓰였다.'(Kristeva 1984 : 25) 의미작용의 기호적 양상은 말하는 존재의 '표층 아래에' 있는 바를 나타낸다.

불연속적인 양의 에너지는 아직 구성되지 않은 주체의 육체를 관류하다가 그 발달 과정 속에서 가족과 사회구조가 이 육체에 강요한, 기호적 과정에 이미 포함된 여러 속박에 따라 배열된다. 이런 방식으로 '정신적인psychical' 표지이자 '에너지energy'의 충전인 충동들은 이른바 '코라chora'를 분절한다. 여기서 '코라'란 통제되는 만큼이나 움직임으로 가득 찬 운동성 속에 있는 충동과 그 정지로 형성된 비표현적 총체를 가리킨다.(Kristeva 1984 : 25)

크리스테바가 말하는 '운동성motile'이란 능동적인 움직임을 나타내거나 받아들일 수 있는 특질을 의미한다.

크리스테바는 '움직임과 그것의 순간적인 정지로 구성되는 본질적으로 유동적이고 극히 일시적인 분절을 가리키고자' 플라톤Plato의 『티마이오스Timaeus』에서 '코라chora'란 용어를 차용한다.(1984 : 25) 그러나 플라톤의 영향을 감안하더라도 크리스테바의 코라 개념은 매우 모호하다. 코라는 종종 자궁이나 저장소로 번역되지만, 크리스테바가 이 말을 단지 장소의 의미로 사용하는 것 같지는 않다. 그녀는 이 말이 분절이고 리듬이지만 언어에 앞서는 어떤 것이라고 말한다. 크리스테바의 애매성은 『티마이오스』 자체에서 기인한다. 플라톤은 세계가 존재하게 되는 공간을 기술하고자 '저장소receptacle'와 '코라'란 말을 쓴다. 코라는 다음과 같은 하나의 공간이다.

> 항상 존재하고, 파괴될 수 없는 공간. 그것은 존재하게 될 모든 사물에 안정적인 장소를 제공한다. 그것은 감각적 지각을 포함하지 않는 일종의 유사 추론을 통해서 이해되고, 결코 확신의 대상이라고는 할 수 없다. 우리는 존재하는 모든 것이 필연적으로 어떤 장소에 있어야만 하고 어떤 공간을 점유할 수밖에 없다고 말하는 경우에 마치 꿈을 꾸는 것처럼 그것을 본다. (Timaeus : 52b-c)

우주의 기원에 대한 플라톤의 사유는 좀 더 현대적인 어휘로 바꾼다면 수용할 수도 있는 것들이다. "대폭발(빅뱅) 이전에는 무엇이 존재했는가?", "우주는 어디에서 왔는가?"란 물음에 덧붙여 우리는 "이 우주는 어디에 있는가?" 또는 "우주는 어떤 공간에서 존재하게 되었는가?"란 물음을 던질 수 있다. 이 얘기는 저장소가 수동적 공간이긴 해도 단순한 그릇은 아닌 것처럼 보이게 한다. 코라는 단지 '모든 생성의 저장소'에 불과한 것이 아니라, '이를테면 그것의 유모'이다. (Timaeus : 49b) 플라톤은 저장소와 마찬가지로, 코라를 (어떤 것을 받아들이고 자라나도록 하는 공간으로서) 어머니에 비유한다. 그러나 이

'어머니'는 그 자신의 고유한 속성이 전혀 없다. 코라는 자기를 가득 채우는 모든 것의 흔적을 받아들인다. 그리고 자기를 가득 채우는 것에서 힘을 얻는다.

> 생성의 유모가 물과 불로 변하여 땅과 공기의 성질을 받아들임에 따라, 그리고 이 모든 성질에 수반되는 속성들을 획득함에 따라 그것은 다양한 가시적 양상들을 취하게 된다. 그러나 그것은 동질적이지도 않고 균형도 잡히지 않은 힘들로 가득 채워져 있기 때문에 코라의 어떤 것도 균형 상태에 있지 않다. 그것은 그 사물들이 뒤흔드는 대로 사방팔방으로 불규칙하게 동요하고, 그 다음에는 운동 중에 있는 그것이 그 사물들을 뒤흔든다. 그리고 그 사물들은 움직이면서 일부는 한 방향으로, 나머지는 다른 방향으로 끊임없이 표류하고 서로 분리시킨다. 말하자면 그것들은 까불러져 나뉘는 것이다. (Timaeus : 52d-53a)

크리스테바는 자신은 단지 플라톤의 용어를 "빌려왔을" 뿐이라고 말한다. 그러면서 이 용어를 전체적으로 다 받아들여야 한다고 주장하지 않는다. 그녀는 코라가 고유한 특성이 없고 무정형적이며, 자신을 채우는 모든 것에 완전히 순응한다고 보는 플라톤의 견해를 수용하지 않지만, 코라를 생성의 유모로 보는 견해는 지지한다. 크리스테바는 코라의 운동성을 강조한다. 앞에서 언급한 것처럼, 코라는 능동적 움직임을 나타내거나 받아들일 수 있음을 의미한다. 크리스테바는 코라를 (단지 수용하기만 하는 것이 아니라) 생성하는 에너지, 요컨대 의미화 과정을 활성화하는 에너지로 이해하려 한다. 그녀는 '그 어떤 정립도 위치도 존재하지 않는 이 율동적 공간에서 의미가 구성되는 과정'을 발견한다.(Kristeva 1984 : 26)

아이는 처음에는 이 기호적 코라에 빠져 있다. 아이는 옹알이 같은 유아적 말투로 자신을 표현한다. 아이는 자신을 표현하고자, 또 에너지를 방출하고자 소리와 제스처를 사용한다. 아이는 아직 발화發話가 어떤 것을 표현할 수 있다는 점을, 혹은 여러 사물과 자신 사이에 어떤 두드러진 차이가 존재한다는 점을 파악하지 못한다. 그러나 이 자각이 생겨나고 깊어지면서 모든 것이 변화한다. 아이는 언어가 사물과 사건들을 가리킬 때 사용될 수 있다는 것을 깨닫기 시작한다. 동시에 자신과 주변 환경 사이의 차이를 깨닫기 시작한다. 그것은 곧 자아(주체)와 타자(대상) 사이의 차이를 인식하게 되는 것이다. 아이는 언어가 자기 외부의 사물들을 가리킬 수 있다는 것을,

---

코라Chora 크리스테바는 고대 그리스 철학자 플라톤(기원전 427~347)이 만든 용어를 가져다 썼다. '티마이오스Timaeus'라는 제목의 저서에서 플라톤은 우주가 어떻게 창조되었는지를 설명한다. 그 과정에서 '코라chora'라는 단어를 사용하는데, 그것은 저장소와 양성소를 모두 의미한다. 즉, 만물이 존재하기 이전, 만물이 존재하는 순간에 우주를 담는 그릇이자 우주를 낳는 생산자를 의미한다. 크리스테바는 '코라'라는 용어로 유아의 심리적 환경이 어떻게 어머니의 육체를 향하는지를 설명한다. '플라톤은 『티마이오스』에서 코라가 명명하거나 증명할 수 없고, 혼성적이며, 명명과 단일성, 아버지에 선행하는, 따라서 '음절의 구분조차 불가능'할 만큼 어머니와 밀착된 저장소라고 말한다.'(1980 : 133) 플라톤의 '코라'는 우주의 기원적 공간 혹은 저장소를 의미했지만, 크리스테바는 그/그녀가 개인적 정체성의 명확한 경계를 발전시키기 이전에 각 개인에게 속하는 정신 속

언어가 잠재적으로 지시적이라는 것을 이해한다.

크리스테바는 이것을 '정립적 단절the thetic break'이라고 명명한다. 관찰자는 아이가 문장으로 말하기 시작하기 이전에 이것을 잘 수행하고 있음을 볼 수 있다. 처음에는 개의 "우-우"를 모방하는 것처럼 기호적으로 보이는 소리들도 언술 행위로 나아가는 첫 단계, 즉 상징계로 진입하는 첫 단계이다. 아이는 개를 자신과는 분리된 어떤 것으로 확인한 것이다. 이 행위는 '속성, 말하자면 자기동일성이나 차이의 조정을 구성한다.' 그것은 '판단이나 명제의 토대를 나타낸다.'(Kristeva 1984 : 43)

크리스테바는 현상학이라 불리는 철학의 한 유형(대략 현상과 의식의 연구)을 발견한 독일 철학자 에드문트 후설Edmund Husserl(1859~1938)에게서 '정립the thetic' 개념을 빌려온다. 그녀는 여기에 오스트리아의 정신분석학

> 의 어떤 것을 염두에 둔 듯하다. 이 초기의 심리적 공간에서 유아는, 만일 어머니의 육체와 맺은 그/그녀의 관계가 없었다면 극단적으로 혼란스러워지고 파괴적이 될 수 있는 풍부한 충동(감정, 본능 등)을 경험한다. 유아와 어머니의 몸이 맺은 촉각적 관계는 유아의 충동들에 하나의 방향을 제공한다. 크리스테바는 종종 '코라'를 '기호적'이란 용어와 연결 지어 사용한다. 그녀가 쓴 '기호적 코라the semiotic chora'라는 구절은 코라가 기호적 의미생산의 공간이라는 점을 독자에게 상기시킨다. 예컨대, 대상을 지시하려면 언어를 어떻게 사용해야 하는지를 아직 알지 못하는 유아, 혹은 적절하게 의미 있는 방식으로 언어를 사용하는 능력을 상실한 정신병자 등이 보이는 반향언어증(남의 말 흉내 내기), 의미 불명의 방언, 리듬과 어조 등이 이런 경우에 해당한다. 기호적 코라는 상징적 의사소통 속에서도 드러난다.

사상가 지그문트 프로이트Sigmund Freud(1856~1939)와 1950~60년대 그 영향력이 상당했던 그 프랑스 후계자 자크 라캉Jaques Lacan의 작업을 활용하여 이 개념을 발전시킨다. '정립' 시기는 의미작용의 시발점일 뿐 아니라, 아이의 주체성 발달의 한 단계이기도 하다.

우리의 관점에서, 프로이트의 무의식 이론과 라캉 학파의 전개는 정립적 의미작용이 의미화 과정 동안 어떤 엄격한 조건들 아래서 달성되는 한 단계라는 것을, 그리고 그것이 언어의 문턱이기 때문에 과정에 환원되지 않는 주체를 구성한다는 것을 명확히 보여준다.(Kristeva 1984 : 44-45)

이 조건들이란 간략하게 말해 다음 두 단계로 이루어진다. (1) 프로이트가 오이디푸스 단계와 동일시한 단계로서, 아이에게는 유감스러운 일이지만, 이 단계에서 아이는 어머니가 전능하지 않다는 것을, 즉 어머니가 남근penis을 결여하고 있다는 것을 깨닫는다. (2) 라캉이 명명한 대로 발달의 거울 단계mirror stage인데, 대략 생후 6개월과 18개월 사이의 이 단계에서 아이는 거울상(거울-등가물)을 인식하고 그것과 자신을 동일시한다. 오이디푸스 단계는 (남자) 아이에게 남근을 잃어버릴지도 모른다는 공포(거세 공포)를 불러일으킨다. 그래서 남아는 어머니에 대한 애착을 아버지에게로 옮긴다. (프로이트는 여자들을 '검은 대륙the dark continent'으로 간주하고, 여자들의 발달에 대해서는 확실하게 언급하지 않는다. 그래서 우리는 여전히 남아의 거세 공포와 유사한 것으로 여아가 남근 선망penis envy으로 고통당하고, 관심 영역을 언어 쪽으로 바꾼다는 얘기를 듣는다.)

거울 단계는 '나'에 대한 최초의 개념을 갖기 위해, (분명 자기 자신이라고는 할 수 없는) 낯선 이미지와 자신을 동일시할 필요를 느끼는 미숙한 상황을 제기한다. 이 단계에서 아이는 자신이 거울 속에서 보는 허구적 통일체와 자신을 동일시해야 하고, 자신의 몸이라고조차 확신하지 못하는 자신의 신체적 부조화를 거부해야만 한다. 이러한 사건들로 인해 아이는 더는 코라의 따뜻한 고치 속에 머물지 않게 된다. 아이는 어렴풋하게나마 자신과 주위 환경을 구별할 줄 알게 된다. 달리 말해, 아이는 자신을 둘러싸고 있는 것이 자신과는 '다르다'는 것을 깨닫는 것이다.

> 우리는 이 정립 단계, 즉 원형상(이마고imago), 거세의 조정, 기호적 운동성의 조정을 대타자the Other의 장소, 의미작용의 필수 조건, 즉 언어의 조정을 위한 필수 조건으로 간주한다. 정립 단계는 이종적異種的 영역, 즉 기호계와 상징계 사이의 문지방을 가리킨다. (1984 : 48)

이제 아이는 규범적인 의사소통의 수단으로 언어를 사용하고, 문법과 통사 규칙을 배울 수 있게 되며, 사물들마다 이름이 있고 이름 붙여질 수 있다는 사실을 알고, 기호 체계로서의 언어를 지배하기 시작하는 문지방에 들어선다. 드디어 아이는 상징계 바로 앞에 도달한 것이다.

크리스테바의 상징계는 이미 앞에서 '규범적인 의사소통'으로 언급한 것, 말하자면 의미를 전달하고자 통사론과 의미론의 표준적 규칙을 사용하는 담론을 의미한다. 어떤 종류의 의사소통은 분명히 다른 것들보다 더 상징적이다. 예를 들어 과학과 논리학, 조립할 필요가 있는 어떤 것에 수반되는 (어느 누구도 시적 언어로 기술되는 것을 바라지 않는) 설명서 등에 쓰이는 언어가 바로 그것이다. 가능한 한 모호하지 않게 우리가 말하는 것을 의미하고, 우리가 의미하는 바를 말하길 원하는 때라면 언제든 우리는 상징적으로 말하려 노력한다. 그럼 크리스테바는 왜 '상징적symboic'이라는 다소 난해한 단어를 사용하는가?

그것은 가장 단순한 구어적 의사소통조차 그 내부에 균열이 존재하기 때문이다. 스위스의 언어학자이자 구조주의 언어학의 창시자인 페르디낭 드 소쉬르는 그 균열을 한편으로는 청각영상과, 다른 한편으로는 그것의 개념으로 이루어진 말의 이중적 국면, 요컨대 기표 signifier와 기의 signified 사이의 틈으로 보았다. 이와 관련하여 크리스테바는 기호계와 상징계의 분열은 상징계 자체 내부의 분열, 즉 기표와 기의 간의 분열로 드러난다고 기술한다.

> '상징적'이란 말은 단절로 생산되고 그것 없이는 불가능한, 항상 분열되어 있는 통일성을 가리키는 용어로서는 적절해 보인다. 그 어원은 이 말을 더 적절하게 만든다. 그리스어 σύμβολον는 인식의 기호이다. 하나의 대상은 둘로 쪼개지고, 그 부분들은 분리되지만, 눈꺼풀이 그러한 것처럼 σύμβολον(기호, 표시 혹은 상징)는 그 갈라진 틈의 두 가장자리를 접촉시킨다. (Kristeva 1984 : 49)

가장 단순한 구어에서조차 청각영상과 그것이 지시한다고 가정되는 의미 사이의 융합은 쉽지 않다. 청각영상은 예컨대 정동이 말의 압운법과 리듬 속으로 유입되는 것과 같은 기호적 운동성을 완전히 박탈당하지 않는다.

때로는 청각영상(기표)의 기호적 국면이 말의 의미(기의)에 개입할 것이고, 때로는 기표가 기의와 적대할 것이다. '결과적으로 '상징'은 일종의 계약으로서 합쳐놓기, 접촉시키기, 즉 적대 관계의 결과로 생기거나 아니면 적대 관계를 상정하는 것이고, 결국엔 적대 관계의 교환을 포함한 일종의 교환이다.'(Kristeva 1984 : 49)

기호계와 상징계의 상호 작용

크리스테바는 아이가 어떻게 자신의 세계적 모험을 시작하는지 그 발달 과정을 설명한다. 우선 아이는 '코라' 속에서 자신의 처음 소리와 제스처로 감정과 에너지를 표현하고 방출한다. 그 다음으로, 어떤 사건들을 통해 자신이 주위 환경과 분리되어 있다는 것을 알게 된다. 그렇게 하여 아이는 언어를 상징적으로 사용할 준비를 마친다. 그러나 크리스테바가 보기에, 아이가 상징적인 배치를 이해한다고 해도 아이는 기호계에서 완전히 벗어나지 않는다. 기호계는 아이의 모든 의사소통 속에서 상징계의 지속적인 동반자로 남아 있다.

그렇다면 기호계는 어떻게 의미화 과정의 부분으로 남을 수 있을까? 기호적인 의미화 방식은 우리가 보통 의미작용의 목적이라고 간주하는 것, 즉 어떤 사람의 의도된 의미를 다른 사람에게 전달하는 것과 불화하는 듯이 보인다. 이러한 의미에서 크리스테바는 기호계가 "의미에 대해 이종적"이라고 말한다.(1980 : 133) 그렇다고 기호계가 의미와 무관하다는 뜻은 아니다. 기호계는 '항상 의미를 기대하거나, 그것과 부정적 혹은 과잉된 관계를 갖는다.'(ibid : 134)

'의미화 실천', 즉 시적 언어처럼 사회적으로 소통될 수 있는 담론에 관해 말하자면, 이론적으로 가정된 이 기호적인 이종성이 내가 기호적인 것과 구분하려고 명명한 것, 즉 의미의 상징적인 기능과 분리될 수 없음은 두말할 나위 없다. 기호계와 대립되는 상징계는 의미, 기호, 지시 대상 등의 필연적인 속성이다. …… 사회적 실천으로서의 언어는 반드시 이 두 가지의 배치(기호계와 상징계)를 전제한다. 이 두 가지가 '담론의 유형', 의미화 실천의 유형을 구성하는 상이한 방법으로 결합된다고 하더라도 말이다.(ibid)

의미화 실천의 두 유형이 왜 분리될 수 없는지, 혹은 최소한 상징

'정동affect'과 '정동적인affective' 대부분의 영어사전은 이 단어들을 쓰이지 않는 말로 간주하지만, 정신분석 이론에서는 매우 생생하게 쓰이고 있다. '정동affect'이란 단어는 정신분석 이론에서 주체 내부에서 활동한다고 주장하는 내적 충동과 에너지의 출현을 지시한다. 이 충동들은 해방되어 방출-정동으로 귀착되거나 혹은 억압되어 긴장-정동으로 귀착될 수 있다. 이 책에서는 종종 그러한 충동들이 출현한다는 점을 언급할 때에는 명사형 '정동'을 사용하고, 어떤 것의 기원이 인간 존재의 표층 아래에 있는 충동, 에너지, 감정들을 포함하는 내적 상태로 거슬러 올라갈 수 있는 것일 때에는 형용사형인 '정동적인affective'을 사용할 것이다.

계가 왜 기호계에서 완전히 벗어날 수 없는지는 다음 장에서 좀 더 충분히 논의할 것이다. (힌트 : 상징적인 것은 항상 말하는 존재에 의해 사용된다.) 여기서는 문학비평에서 볼 수 있는 이 구분의 유용성을 좀 더 살필 것이다.

발생텍스트와 현상텍스트

『시적 언어의 혁명』에서 크리스테바는 문학 텍스트 전체를 분석할 수 있는 독특한 방법을 제시한다. '발생텍스트와 현상텍스트Genotext and Phenotext'라는 제목이 붙은 소략한 장에서 그녀는 문학 텍스트의 두 국면을 기술하려 이 두 용어를 사용한다. 발생텍스트와 현상텍스트의 구분은 비록 거칠기는 해도 기호계와 상징계의 구분 위에 배치될 수 있다. '발생텍스트genotext'는 단어들 사이의 운동성, 완전히 텍스트 심층에 있는 의미라고는 할 수 없는 잠재적으로 분열 상태에 있는 의미이다. '현상텍스트phenotext'는 텍스트의 통사론과 의미론이 다시 '명료한 언어'로 전달하고자 하는 바를 가리킨다. 크리스테바는 기호계와 상징계의 구분을 도입하여 텍스트가 어떻게 기호적 차원을 드러낼 수 있는지를 보여준다.

한 텍스트 속에서 발생텍스트를 가려내려면, 음소音素·phonematic 장치(음소나 운의 축적과 반복 등)와 선율 장치(억양이나 리듬) 속에서 탐지될 수 있는 충동 에너지의 전이를 밝혀야 한다. 의미론적이고 범주적인 영역은 통사론적이고 논리적인 자질들 혹은 미메시스mimesis 체계(환상, 외연의 유

예, 서사 등) 속에서 배열되기 때문이다.(Kristeva 1984 : 86)

이에 반해, 한 텍스트의 현상텍스트는 "언어학자들이 '언어 능력 competence'과 '언어 수행performance'이란 용어로 기술하는, 의사소통하는 데 기여하는 언어"에 주목하면 확인할 수 있다.(ibid : 87) 달리 말해, 텍스트는 두 차원에서 작동한다. 하나는 기호적-발생텍스트의 차원인데, 그것은 저자가 기호적 충동과 에너지를 조직하거나 표현하는 과정을 뜻한다. 다른 하나는 상징적-현상텍스트의 차원으로, 의사소통의 구조화되고 배치할 수 있는 조각을 말한다.

크리스테바는 이 차이를 이해시키고자 두 가지 사례를 제공한다. 하나는 수학적인 것으로서, 발생텍스트가 위상기하학topology에 해당한다면 현상텍스트는 대수학algebra에 해당한다. 전자가 어떤 실재의 형상을 가리킨다면, 후자는 구조를 설계한다. 크리스테바가 제공하는 또 다른 예는 기술된 중국어와 구술된 중국어 간의 차이이다. 현상텍스트와 유비적 관계에 있는 기술된 중국어는 의미화 과정을 재현하고 명료화하지만, 오직 구술된 중국어만이 발생텍스트처럼 두 주체 사이의 의미 교환에 필수적인 요소들을 제공한다.

텍스트의 이중적 국면은 무엇보다 아방가르드 작가들의 작품 속에서 더 잘 증명된다. 이 작가들이 쓴 작품에 대한 분석은 크리스테바의 작업 전체에 걸쳐서 분산되어 있다. 다음은 필리프 솔레르의 작품에 대한 크리스테바의 언급이다.

핵심은 이것이다. 나의 관심은 타자, 이종적인 것, 표상으로 세워진 나 자신의 부정, 그러나 또한 내가 해독할 수 있는 소비 등에 놓여 있다. 이 종적 대상은 물론 나에게 그것(여성, 어린이, 여성적 남성)과 동일시할 것을 요구하고는 즉각 그 동일시를 금지하는 육체이다. 그것은 내가 아니다. 그것은 내 속에, 내 곁에, 내 밖에 있는 나 아닌 존재non-me이다. 그곳에서 나는 사라진다. 이 이종적 대상은 하나의 육체이다. 왜냐하면 그것은 하나의 텍스트이기 때문이다. (1980 : 163)

크리스테바는 독자에게 이 '텍스트text'란 말의 오용에 속지 말라고 경고한다. 그녀는 '하나의 텍스트 속에 얼마나 많은 위험이 존재하는지, 얼마나 많은 비동일성과 비신빙성, 불가능성, 그리고 텍스트 속에서 자기 자신을 보길 (바라는) 사람들을 지배하는 유해함 등이 존재하는지'(ibid) 독자들이 보아주기를 바란다. 그러한 분열적인 발생텍스트가 존재하는 경우는 언제나, 독자는 그/그녀의 경계를 상실할지도 모를 위험에 노출된다. 이러한 생각은 다음 장에서 다룰 것이다.

마지막으로, 크리스테바가 만들어내고 지식인 모임에서 대성공을 거둔 다른 두 개의 용어를 언급할 차례이다. 비록 이 용어들은 이후 그녀의 작업에서 모습을 드러내지 않지만 말이다. 그 두 용어란 바로 '기호분석semanalysis'과 '상호텍스트성inter-textuality'이다.

기호분석은 그녀의 첫 저서인 『세미오티케 : 기호분석론』의 부제로 고안된 용어이다. 본인의 말에 따르면 그녀는 이 용어로써 "범주와 개념들이 빛나도록 하고자" 했고, 그와 동시에 기호학적 분석 담론을 면밀히 검토하려고 했다. 그녀가 더는 '기호분석'이라는 용어를 사용하지 않지만, 그녀의 작업 목표가 언어학과 기호학이 차지하는 지위를 동요시키는 데 있었다는 것은 분명한 사실이다.

'상호텍스트성'에 대해 말하자면, 그것은 종종 텍스트들이 교차하거나 함께 분석될 수 있는 방식을 의미하는 것으로 잘못 여겨진다. 그러나 크리스테바는 훨씬 더 흥미로운 것을 의미했다. 그녀는 이 용어로 '하나의 기호 체계가 또 다른 기호 체계로 이동하는 것', 하나의 의미화 실천이 또 다른 의미화 실천으로 전위되는 방식을 의미했다.

> '상호텍스트성'이란 용어는 하나의(또는 여러 개의) 기호 체계(들)가 또 다른 기호 체계(들)로 전위되는 것을 뜻한다. 그러나 이 용어가 종종 '근원에 대한 연구'라는 진부한 의미로 이해되어, 우리는 '전위transposition'라는 용어를 더 선호한다. 왜냐하면 그것은 하나의 의미화 체계의 다른 의미화 체계로의 이동이 정립, 곧 발화와 지시의 위치성의 새로운 표명을 요구한다는 것을 명확하게 말해주기 때문이다. 모든 의미화 실천이 다양한 의미화 체계들의 전위 영역(상호텍스트성)이라는 점을 인정한다면, 우리는 발화의 '장소'와 지시된 '대상'이 결코 유일하고 완전하며 그 자신과 일치하는 것이 아니라, 항상 복수적이고 파열되어 있으며 일람표로 작성될 수 있는 것이라는 사실을 이해하게 된다. 이러한 점에서 다의성(의미의 여러 차원 혹은 종류) 역시 기호적 다가성多價性·polyvalence, 즉 상이한 기호 체계들에 대한 점착이 가져온 결과로 이해될 수 있다. (Kristeva 1984 : 59-60)

달리 말해서, 의미화 실천은 결코 단일하거나 통일되어 있지 않다. 그것은 복수적인 기원 또는 충동들의 결과이고, 그렇게 때문에 단일하고 고정된 의미를 생산하지 않는다. 여기서 다시 크리스테바의 언어 분석은 우리에게 그것이 유래한 영역을 주목하라고 요구한다. 그 영역은 다름 아니라 바로 말하는 존재, 곧 크리스테바가 '과정 중의 주체le sujet en procès'라고 명명하는 것, (그 말의 다른 의미에서 보자면) 결코 자명한 통일체라고 할 수 없는 주체이다.

크리스테바의 언어 이론, 의미화 과정

다른 언어학자·철학자들이 언어를 분리되고 안정적인 실체로 연구할 때, 크리스테바는 언어 연구는 말하는 존재의 연구와 분리될 수 없다고 주장한다. 그녀는 언어를 각각 떼어서 연구하지 않고 의미화 과정, 즉 말하는 존재가 자신의 에너지와 정동을 의미작용의 상징적 양식 속으로 방출하는 과정을 연구한다.

의미화 실천에 대한 크리스테바의 연구는 정신분석학적 이론에 기초하지만, 말을 배우기 이전에 처음으로 의미화하기 시작하는 '말하는 존재speaking being'에 대한 더 발전적인 초상을 그린다. 최초의 의미작용은 아이가 여전히 기호적 코라에 빠져 있는 동안에 일어나는데, 이 기호적 코라는 아이의 초기 에너지와 충동들이 나아가고 표현되는 심리적 공간을 의미한다. 아이가 어른으로 성숙할 때조차도 이 기호적 차원은 그 영향력을 계속 발휘한다.

02

과정 중의 주체

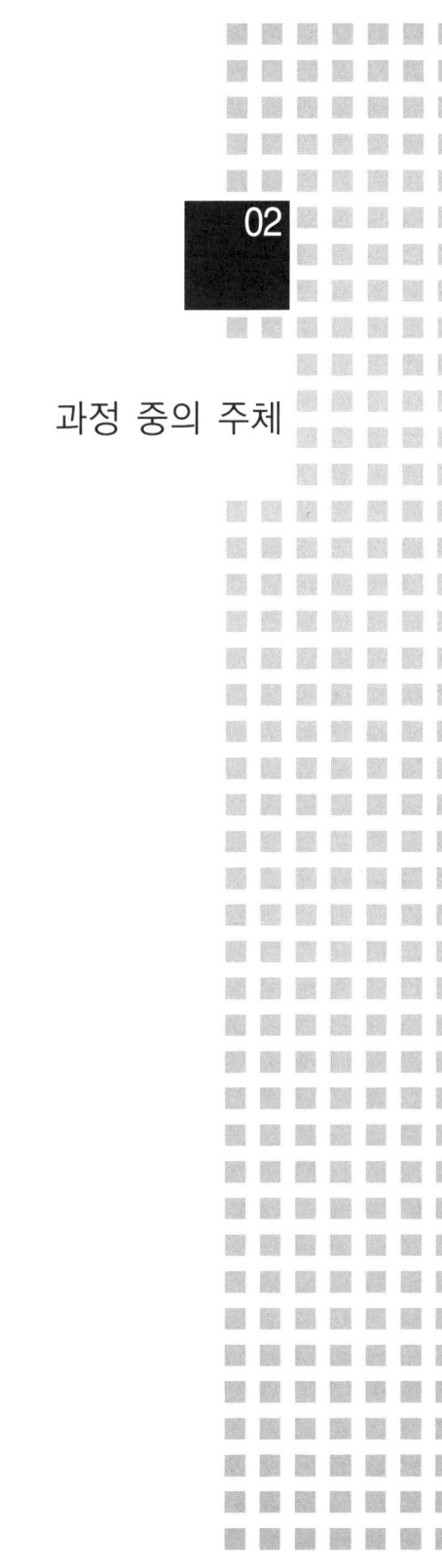

주체, 언어적 과정의 결과

앞 장에서는 크리스테바의 언어 이론에 초점을 맞추어 논의했다. 그러면서 다음 장에서 몇 가지 사고를 논의하겠다고 밝혔다. 언어 연구는 모두 주체(추상적 인간으로서의 '주체the subject')에 대한 연구라고 보는 사고가 바로 그것이다. 이제 우리는 드디어 이러한 사고에 주목하여 논의를 발전시켜 나아갈 수 있게 되었다. 주체는 언어적 과정들의 결과이다. 달리 말해, 우리는 의미화 과정에 참여한 결과로써 우리 자신이 된다. 언어 사용에 선행하는 자의식적 자아란 결코 존재하지 않는다. 동시에 언어는 과정 속에 존재하는 누군가에 의해 사용되기 때문에 그 역시 의미화 '과정'이다. 크리스테바가 연구하는 대로, 언어는 그것을 사용하는 존재와 분리될 수 없다. 그리고 이 존재들, 즉 말하는 존재들(parlêtres, 크리스테바가 말한다는 것과 존재한다는 것을 뜻하는 프랑스 단어를 결합하여 만든 용어)은 다양한 여러 과정들을 거쳐 구성된다.

크리스테바의 학생, 주로 크리스테바의 문학 이론에 관심을 가진 사람은 주체성이 어떻게 발달하는지를 설명하는 정신분석학적 이론을 이용한 크리스테바의 탐구에도 관심을 가지라는 권고를 받게 된다. 이러한 관심의 단서는 1970년대에 쓰여진 『시적 언어의 혁명』에서 이미 엿보인다. 그러나 정신분석학적 이론과 관련한 그녀의 작업은 대부분 중국에서 돌아온 이후에 쓴 저서들에 나타난다. 당시 크리스테바는 미시적 차원의 정치학, 즉 내적 경험의 차원에서 나타나는 정치학 쪽으로 방향을 돌리겠다고 선언했다.

앞 장에서 논의했듯, 크리스테바는 정신분석학 이론을 이용하여 후설의 현상학에서 끌어온 통찰을 개발한다. 그녀는 프로이트와 라캉의 견해를 수정할 때조차도 그들의 견해를 참고한다. 이 점은 특히 1장의 핵심어 중 하나인 상징계와 관련하여 두드러진다. 2장에서는 상징계를 포함하여 라캉의 체계를 먼저 논의하고, 그 다음으로 크리스테바의 이론이 어떻게 라캉의 이론을 급진적으로 발전시키는지를 살핀다. 그러고 나면 크리스테바가 말하는 '과정/시도 중에 있는 주체le sujet en procès(the subject in process/on trial)'가 무엇인지를 이해할 수 있을 것이다.

라캉의 영향

1950년대에 자크 라캉은 20세기 중반까지 평가 절하되었던 프로이트의 혁명적 사상을 침체 상태에서 복원해내는 작업에 착수한다. 당시 미국에서는 오스트리아의 정신분석학자 하인츠 하르트만Heinz Hartmann(1894~1970)의 주도 아래 에고 심리학이 지배적인 세력을 형성했다. 에고 심리학에 따르면, 정신분석학의 목표는 치료하는 것, 다시 말해 에고ego의 지배력을 강화하고 이드id와 슈퍼에고superego를 통제하는 데에 있다.

라캉은 이 같은 에고와 정신분석학의 모델을 거부한다.

> 우리는 명백하게 불안정한 개념을 보강하고자 대서양 반대쪽에 있는 어떤 개인들은 어떤 안정적인 가치, 현실을 다루는 표준 등을 도입해야 할 필요를 느꼈을 것이라고 생각한다. 이것이 자율적 에고autonomous ego 일 것이다. 자율적 에고는 허구적으로 조직된 가장 이질적인 기능들의 총체이다. 이것이 고유성에 대한 주체의 느낌을 지탱하게 한다.(Lacan 1977 : 230-231)

에고 심리학자들이 본질적인 자아를 가리키는 곳에서, 라캉은 오직 환상적 통일체만을 발견할 뿐이다. 그에게 에고는 충동의 영향력에 늘 취약한, 박약하고 일시적인 구성물에 불과하다. 그러나 에고 심리학자들은 에고를 "갈등으로부터 보호받는 피난처인 것처럼 보인다는 이유로 자율적"이라고 생각한다. 라캉의 견지에서 보면, 우리는 그 어떤 피난처도 가질 수 없다.

이것이야말로 프로이트에 대한 라캉의 가장 위대한 기여이다. 요컨대 에고가 본질적인 작인作因이 아니라, 주로 무의식적 과정들의 결과일 뿐이라는 관념을 복원한 것이다. 라캉이 보기에 주체성을 생산하는 것은 문화와 언어, 무의식적 욕망 등이다.

라캉의 천재성은 언어학, 인류학, 정신분석학 등 여러 학문 분야의 주요 통찰을 결합하는 능력에 있다. 예컨대, 그는 프로이트의 '1차 과정들'(근원적인 내적 충동들)의 두 가지가 문학적 형식주의의 일부 범주를 이용하여 설명될 수 있음에 주목한다. 예를 들어, 『꿈의 해석*Interpretation of Dreams*』에서 프로이트는 꿈속의 이미지들이 최소한 두 가지 방식으로 작업할 수 있다는 점에 주목한다. 하나는 압축으로서, 이 경우에는 하나의 상징이 하나 또는 그 이상의 사물을 표상한다. 다른 하나는 전치轉置·displacement로서, 이때에는 하나의 상징이 다른 어떤 것을 대신한다.

라캉은 프로이트의 압축과 전치가 러시아 형식주의자 로만 야콥슨

에고Ego, 이드Id, 슈퍼에고Superego 초기에 프로이트는 자아의 두 국면, 의식과 무의식에 주목한다. (이 사이에 전 의식 단계도 존재한다.) 후기에 프로이트는 독일어 '나Ich', '그것Es', '위쪽의 나Uber-Ich'로 구성된 자아의 3부 모델을 제공한다. 영어 동의어는 각각 'I', 'It', 'over-I' 또는 'upper-I'이다. 그런데 여러 이유로 영어 번역가들은 명료한 독일어를 불분명한 라틴어 에고Ego, 이드Id, 슈퍼에고Superego 등으로 번역하려 애썼다. 이 책에서는 이 전통을 따르겠지만, 영어 동의어를 기억해두면 좋다. 프로이트는 이 세 용어를 각각 우리가 개발하려고 하는 자아의 의미(에고 또는 'I'), 종종 내부에 만연한 충동(이드 또는 'it'), 우리가 내면화한 검열관(슈퍼에고 또는 'over-I') 등을 가리킬 때 사용한다. 그러면서 다음과 같은 유용한 유비類比를 제공한다. 에고는 말馬(이드)을 통제하려 애쓰며, 다른 한편으로는 갈 길을 세상(슈퍼에고)과 협상하는 말 등에 올라탄 사람과 같다.

대부분의 이론가들은 이드가 쾌락, 자기 방어, 때로는 자기 파괴 등을 향한 충동 같은 내적인 생물학적 충동을 의미한다는 것에 동의한다. 슈퍼에고에 대한 논쟁도 거의 없다. 슈퍼에고는 사회적 규범의 내면화, 우리가 종종 양심이라고 부르는 것을 의미한다. 이론가들 사이의 논쟁은 에고가 무엇인지를 중심으로 전개된다. 그것은 치료되거나 발견되기를 기다리는 어떤 종류의 본질적 자아인가? 아니면 단지 사회적 힘과 관련된 내적 충동들의 결과인가?

Roman Jakobson(1896~1982)이 개발한 용어, 즉 은유와 환유로 설명될 수 있다는 것에 주목한다. 은유가 하나의 말을 다른 말로 치환함으로써 작동한다면, 환유는 하나의 말을 (인접한) 다른 말과 결합시킴으로써 작동한다. 은유는 우리가 양의 털을 '옷'이라고 부를 수 있는 것 같은 일종의 압축된 유비이다.(Lentricchia and McLaughlin 1990 : 83) 은유는 여러 말들 사이의 공유된 의미를 이용한다. 반면 환유는 역사적이고 문화적인 연상을 이용한다. 사업가들이 보통 슈트를 입기 때문에 '슈트'라는 말은 사업가의 환유가 될 수 있다. 라캉은 이와 같은 유비와 결합이 종종 무의식에서 작동한다고 믿는다. 그래서 우리는 언어 속에 나타나는 무의식의 효과를 볼 수 있게 된다. 은유는 압축의 증거이고, 환유는 전치의 증거이다. 이러한 통찰을 통해, 라캉은 '무의식은 언어처럼 구조화되어 있다'는 유명한 말을 하게 된다.

이런 접근법으로 라캉은 앞 장에서 간략하게 언급한 오이디푸스 콤플렉스를 포함하여 많은 프로이트의 이야기들을 발전시킨다. 프로이트의 관점에서는 자신의 어머니가 전능하지 않다는 것, 즉 음경을 결여한다는 것을 깨닫는 순간, 남자 아이는 자신의 열망을 아버지처럼 되는 것으로 바꾼다. 이처럼 프로이트의 관심은 주체의 아버지를 향하는 데 반해, 라캉은 '아버지의 이름', 혹은 '아버지의 법'을 이론화하기 시작한다.

아이가 향하는 대상은 아버지 그 자체가 아니라 아버지가 재현하는 것, 요컨대 언어와 (근친상간을 금지하는 보편적인 금기를 포함한) 법이다. 프로이트는 실제 남성 기관에 대한 아이의 관심에 초점을 맞춘다. 이때 주체가 여아인가 남아인가에 따라 선망이나 공포로 나타난다. 반면에 라캉은 그 관심이 남성 기관의 실제적이거나 가능한 결여가 의미할 수도 있는 것에 대한 것이라고 생각한다. 생물학적 차원에서 음경은 소년이 방뇨를 위해, 그리고 나중에는 생식을 위해 사용하는 기관이다. 그러나 이러한 용법은 그것이 지닌 의미를 거의 다 드러내지 못한다.

상상적 차원에서 음경은 여러 의미를 갖는다. 유아는 어머니가 음경을 틀림없이 소유할 것이라고 상상한다. 그러다가 어머니가 음경이 없으며, 그 때문에 자신도 갖지 못할 수도 있음을 깨닫는다. 음경은 '분리될 수 있는 대상', 그가 어머니도 소유해야 한다고 요구하는 어떤 것이 된다. 라캉의 체계에서 음경은 또한 여성이 요구하고 그래서 남성을 원하며, 궁극적으로는 임신을 함으로써 얻는 것이기도 하다. 물론 상상적인 음경은 환상적인 것이고, 남근phallus이 궁극적인 기표로서 가진 기능으로 나아간다. 라캉주의자들은 남근이 음경과 동일하지 않다고 주장한다. 남근은 상징적 영역에서 교환되는 기표이다. 그것은 많은 일을 한다. 비록 허구적인 것일지라도 누군가에게는 남근이 음경과 연결되기 때문에, 그것은 여성은 결여하고 남성은 소유하는 어떤 것을 의미한다. 이런 의미에서 남근은 여성의 결핍과 남성의 충만에 대한 상징으로 성적 차이를 구성한다.

그러나 남성은 그가 소유한 것을 원하는 여성이 존재하는 경우에만 남근을 소유할 수 있다. 그리하여 남성은 남근과 그것이 수반하는 권력을 소유했다는 환상을 갖고자, 결여로 구성되는 여성을 필요로 한다. 그러나 남근은 기관이 아니라 기표이기 때문에 아무도 그것을 소유할 수 없다. 우리가 아무리 상상적 대상으로서의 음경을 요구한다고 해도 (남자는 그 자신에게서, 여자는 남자에게서), 우리는 결코 우리가 '진정으로' 원하는 것, 즉 남근의 권력을 소유할 수 없다. 여기서 남근의 권력이란 사랑받고 권력이 있음을 인정받고 완벽하다는 뜻이다. 우리는 결코 충분히 만족되지 않는다. 이 과정의 결과가 욕망이다. 라캉의 체계에서 사람들은 그들이 원하는 것을 얻기 위한 헛된 시도로 말을 사용하지만, 그들이 진짜 원하는 것이 무엇인지는 알지 못한다. 라캉은 남근을 궁극적인 기표로 제시한다. 그것은 결코 명료하게 표현하거나 소유할 수 없는 어떤 것의 기표이지만, 묘하게도 우리가 말을 하는 이유이기도 하다. 우리가 원하는 바를 얻고자 노력하는 것.

이 이야기는 좀 더 충분히 설명해두는 편이 좋을 성싶다. 처음에 아이는 필요하다고 인식하기도 전에 이미 필요한 모든 것이 주어진 어머니의 품속에서 풍요로움과 충만함을 느끼며 태어난다. 그것은 분명 (최소한 건강한 태아를 위한) 자궁 속에 있는 것과 같다. 영양분이 끊임없이 제공되고, 결코 배고프지 않고, 빛은 항상 어슴푸레하고, 소리는 늘 차단되고, 온도는 언제나 체온을 유지한다. 이 이야기에서 출생하기 이전의 태아 부분은 라캉의 이야기에 첨가한 것이다. 이 충만함은 아이가 태어난 이후 얼마 동안 지속된다. 최소한 유아가 필요와 만족 사이의 틈을 깨닫기 전까지는 말이다. 어머니는 유아의 관심 대상이 된다. 그러나 어머니는 그 자신과 분리된 대상이 아니라, 그 자신과 연결된 대상, 즉 환영을 뜻하는 유아 자신의 첫 원형상imago으로서의 대상이다. 그것은 내적인 혹은 심리적인 현실 속에 존재한다고 상상되는 대상이고, 주체가 그것이 마치 실재인 양 반응하는 대상이다. 이때 유아는 라캉의 상상적 영역, 즉 언어 습득 이전의, 따라서 전前 언어적인 의식에 나타나는 '현실' 속에 존재한다. 라캉을 번역한 앨런 셰리든Alan Sheridan의 지적에 따르면, 라캉에게 상상계는 유아가 '의식적이거나 무의식적인, 지각되었거나 상상된 이미지들의 세계이자 기록부이며 차원'에 존재한다고 간주된 영역이다.(Lacan 1977 : ix) 상상계에서 유아는 이미지, 상징, 표상들의 진실성이나 허구성을 구분하지 않는다. 아이는 자신의 내적 표상들을 모두 곧 실재하는 것이라고 생각한다.

상상계는 라캉이 가정하는 세 영역 중 하나이고, 다른 두 영역은 실재계와 상징계이다. 실재계는 상상계와 상징계의 외부에 존재한다. 라캉이 지적한 대로 그것은 항상 "제자리에" 존재하고, 그래서 결코 꺼내어져 언어와 상징화 속으로 삽입될 수 없다. 셰리든이 훌륭하게 진술한 대로, 라캉의 사상 속에서 실재계는 다음과 같다.

> 상상계가 그 앞에서 뒷걸음치고, 상징계가 걸려 넘어지게 되는 것, 완강하고 저항하는 것이다. 그리하여 '실재계는 불가능한 것'이라는 공식이 만들어진다. 그 용어가 상징적 질서가 결여하는 것, 다시 말해 모든 표현의 제거할 수 없는 잔여, 추방된 요소 등을 기술하고자 형용사로서 규칙적으로 나타나기 시작하는 것은 바로 이런 의미에서이다. 그것은 다가갈 수는 있지만 결코 잡을 수는 없는 상징계의 탯줄이다.(Lacan 1977 : x)

상징계는 항상 실재계를 붙잡으려고 하지만 결코 붙잡지 못한다. 왜냐하면 그것은 늘 대체물에 불과하기 때문이다.

라캉의 세 번째 용어인 상징계를 설명하려면, 우리의 유아 시절, 즉 유아가 두 가지 사실을 깨닫기 전까지 최초 양육자와 가장 만족스럽고 충만한 합일 상태에 있던 시절로 되돌아가야 한다. 우선 유아는 다른 사람과 분리되는 그 자신의 어떤 경계, (비록 허구적일지라도) 거울 단계에서 힐끗 본 경계가 있다는 것을 알게 된다. 이 점은 앞 장에서 언급한 바 있다. 그리고 둘째, 유아는 어머니가 전능하지 않다는 것을 깨닫는다. 프로이트가 주장한 대로, 아이는 어머니가 음경을 결여한다는 사실을 아는 순간, 자신의 상실 가능성을 깨닫는다.

  아버지가 근친상간의 금기(어머니와 아이 사이의 지나친 애정은 근친상간적일 수 있다.)를 가지고 어머니와의 관계에 개입하면서, 아이는 어쩔 수 없이 아버지와 자신을 동일시하게 된다. 아이는 어머니를 소유할 수는 없지만 언젠가는 다른 여성을 갖게 될 것이다. 즉각적인 만족의 상실은 결핍의 경험, 욕구의 시작을 불러일으킨다. 아이는 언어가 어떤 것을 요구할 때, 욕구하는 것을 얻고자 할 때 쓰일 수 있음을 배운다. 처음에 아이는 울음을 터뜨려 배고프다거나 기저귀가 젖어 있음을 표시하고, 그러면 어머니는 달려간다. 그러나 어머니가 이러한 욕구를 충족시켜줄 때조차도 어머니는 아이의 근본적인 욕망, 즉 결핍 상태에 이르기 전에 필요한 모든 것을 갖고 싶어 하는 욕망을 충족시키지 못한다. 우리가 요구하지 않아도 원하는 모든 것을 가질 수 있다면 그보다 더 나은 것이 어디 있겠는가? '요구해야 한다는 것'은 그에 대한 반응이 아무리 빠르다 해도 항상 실망스러운 것이 아니겠는가? 아이는 이제 욕구와 만족 사이의 이 모욕적인 틈을 경험한다. 아이는 결코 충족시킬 수 없는 욕망을 향한 욕망의 진행 단계에 진입하는 것이다.

유아는, 그리고 나중에 어른이 되어서도 이 같은 욕망을 계속 이어 나간다. 아이는 아무리 사소한 것일지라도 자신이 필요하다고 생각하는 바를 얻으려면 시도해야 하는 언어의 세계에서 교육받을 것이다. 그러나 아이는 자신이 욕구하는 것 이상을 원한다. 그래서 주체는 항상 욕망의 주체이다. 궁극적인 기표가 남근(팔루스)일 수밖에 없는 이유가 바로 여기에 있다.

남근은 우리가 진정으로 원하는 것, 라캉이 애매하게 명명한 '타대상 le objet a'의 표상이다. 그것은 우리가 궁극적으로 추구하는 대상이면서 결코 획득할 수 없는 대상이다. 우리가 진실로 원하는 바는, 어머니의 확고한 사랑의 대상이 되는 것이다. 그러나 그것을 가졌다면 우리는 결코 문명인文明人, 말하는 존재가 되지 못했을 것이다. 슬픈 이야기이긴 하지만, 이 이야기는 인간이 어떻게 문명을 창조하는지를 이야기한다. 우리는 우리가 잃어버려야만 했던 것, 달리 말해 어머니의 몸에 감싸여 있던 것의 상실에 대한 일종의 보상으로 언어와 예술을 배운다. 인류의 위대한 건축물과 소설, 문화 등은 어머니의 절대적인 사랑을 상실함으로써 얻은 결과이다.

언어 사용을 강요받는다는 것은, 아이가 상징적 영역으로 이동했다는 것이다. 라캉의 상징적 영역은 크리스테바의 상징계와 완전히 동의어는 아니지만, 언어와 상징, 구조와 차이, 법과 질서의 영역이다. 라캉은 사람이 일단 이 같은 언어, 기호, 그리고 그것이 수반하는 모든 종류의 법(예컨대 근친상간 금지)의 표상으로 이루어진 영역에서 안전한 기반을 마련하기만 한다면, 상상계가 아니라 바로 이 상징계가 주체를 구성한다고 주장한다. 일단 상징계로 진입하게 되면, 아이는 욕망에 의해 추동되고 오직 언어에 의존할 수밖에 없게 된다. 아이는 영원히 기표(청각영상)와 기의(의미나 개념) 사이의 틈 때문에 좌절할 것이다. 상징계를 거치면서 아이는 유아(말을 하지 않는 존재) 단계에서 벗어난다. 사회 이론가인 존 레흐트John Lechte가 기술한 대로, '이 질서 속에서 개인은 주체로 구성된다.'(Lechte 1997 : 68)

나르시시즘Narcissism 프로이트의 에고·이드 모델에서, 이드는 풍부한 에너지와 충동들로 이해된다. 그중 하나가 리비도libido로서, 이는 에로틱하거나 성적인 느낌을 말한다. 리비도는 '정상적으로는' 다른 사람들을 향해 투자(집중)된다. 그러나 유아기와 그 이후에라도 때때로 그것이 자기 자신에게 집중되는 수가 있다. 이 경우에 주체는 그리스 신화 속의 나르키소스Narcissus처럼 자기와의 사랑에 빠진 사람, 즉 나르시시스트가 된다. 크리스테바의 용어를 사용한다면, 프로이트는 코라 상태에서 경험하는 일차적 나르시시즘과, '에고가 구성되어 대상을 사랑하게 된 이후에 대상 세계에서 물러서는 자아의 후퇴'로 나타나는 이차적 나르시시즘을 구별한다.(Oliver 1993 : 71) 프로이트는 나중에 자신의 이 나르시시즘 모델을 바꾸는데(올리버의 같은 책을 보라.), 그는 일차적 나르시시즘이 하나의 단계라는 개념을 포기하고 '에고의 진행 중인 구조'(ibid)로서의 나르시시즘 모델을 지지한다. 크리스테바 역시 일차적 나르시시즘을 하나의 발달 단계로 보는 견해를 전면 거부하고, 그것을 하나의 구조로 본 프로이트의 후기 견해를 발전시킨다. 크리스테바 이론에서 나르시시즘적 구조는 아이가 자아-타자 구분 개념을 갖기도 전에 그 자신과는 다른 것을 합병하고 흉내 낼 수 있는 길을 제공한다. 이미 기호적 코라의 상상적 영역에서 명백하게 나타나는 이 나르시시즘적 구조는 유아가 의미화 질서 속에서 하나의 주체가 될 수 있는 길을 열어준다.

바로 이것이 라캉이 급진적인 사상가로 간주되는 한 가지 이유이다. 기호들의 상징적 영역이 주체를 구성한다. 주체는 무의식이 구조화되는 방식, 즉 언어와 분리되어 있다고는 전혀 생각할 수 없는 존재이다. 상상계는 분석될 수 없는 잃어버린 영토이다. 라캉은 우리는 '프로이트가 무의식과 동시에 발견한 상징적 표현'을 결코 무시할 수 없다고 말한다.(1977 : 191)

이제 우리는 크리스테바가 어떻게 라캉과 의견을 달리하는지를 볼 수 있다. 첫째, 크리스테바는 유아가 자신과 어머니를 구별하는 시점에 동의하지 않는다. 그녀는 이 단절이 거울 단계 이전에, 불쾌하다고 느끼는 것을 자신에게서 추방하기 시작하는 좀 더 이른 시기에 일어난다고 본다. 이것이 크리스테바의 '아브젝시옹abjecjection' 과정이다. 이 아브젝시옹에 대해서는 다음 장에서 상세하게 논할 것이다.

둘째로 크리스테바는 아이는 상징계, 즉 문화의 질서를 아버지가 아니라 어머니에게서 배우기 시작한다고 주장한다. 앞의 1장에서 언급한, 유아가 거주하고 자신의 에너지를 표현하는 심리적 공간인 크리스테바의 '코라' 개념을 상기해보라. 어머니가 아이의 일차적 양육자인 한 코라는 모성적 공간이다. 아이의 에너지는 어머니 쪽을 향한다. 어머니는 아이 '주체'에게는 아직 '대상'이 아니다. 아직은 주체와 대상의 분리가 이루어지지 않는다. 아이는 분화되지 않은 충만함을 경험한다. 라캉의 용법에 따르면, 아이는 상상적 영역 속에 존재하는 것이고, 프로이트의 용법으로 보면 일차적 나르시시즘을 경험하는 것이다.

'나르시시즘'을 설명한 박스에서 언급한 대로, 크리스테바는 일차

샘가의 나르키소스
16세기 이탈리아의 화가 카라바조가 그린 「나르키소스」. 고대 로마의 시인 오비디우스가 서사시 형식으로 쓴 책 『변신 이야기 Metamorphoses』에 따르면, 나르키소스의 어머니인 님프 리리오페는 아들을 낳은 뒤 테베의 예언자 테이레시아스에게 아들이 오래 살 수 있는지 물었다. 테이레시아스는 "자신을 모르면 오래 살 것"이라고 답했다. 성장한 나르키소스는 용모가 유난히 아름다워 수많은 처녀들의 구애를 받았다. 그러나 나르키소스는 모든 구애를 다 거절했는데, 그에게 거절당한 님프가 복수의 여신에게 그도 똑같은 사랑의 고통을 겪게 해달라고 빌었다. 그 뒤 사냥을 나간 나르키소스는 물을 마시러 샘에 갔다가 물에 비친 자신의 모습과 사랑에 빠져, 샘물만 바라보다가 탈진하여 죽었다.

적 나르시시즘이 구조라는 프로이트의 인식을 차용하여 발전시킨다. 이 구조에서 유아는 실제로는 어머니의 것인 젖가슴을 자기 자신의 일부라고 상상한다. 켈리 올리버는 이렇게 말한다.

> 크리스테바는 유아의 이 젖가슴과의 결합을, 이후에 일어나는 '타자의 발화'와의 결합과 비교한다. 그녀는 유아가 타자의 발화와 결합함으로써 언어 체계에 편입하고, 그리하여 타자와 자신을 동일시한다고 설명한다. 사실상 타자의 발화를 통해 언어 체계에 편입함으로써 유아는 타인들과 의사소통하고 교감을 나눌 수 있게 된다. 그리고 말을 '받아들이고 반복하고 재생하는' 능력으로 인해 유아는 타자처럼, 즉 주체가 된다.(Oliver 1993 : 72)

결국 라캉이 말한 거울 단계 이전에 유아는 언어와 문화의 질서를 배울 수 있도록 하는 논리를 경험하기 시작한다. 이 '문명화되지 않은' 모성적 공간에서조차 아이는 문명의 언어를 배우기 시작하는 것이다.

바로 여기서 크리스테바와 라캉의 세 번째 차이를 발견할 수 있다. 크리스테바는 상상계가 잃어버린 영토가 아니라고 주장한다. 정신분석가는 그것의 흔적을 발견할 수 있다. 상상계는 의미작용의 기호적 양식에서 식별할 수 있을 정도로 지속된다. 실재계조차 반드시 의미작용의 외부에 '항상 제자리에 있는' 것은 아니다. 크리스테바는 한 인터뷰에서 다음과 같이 말한다.

실재계, 상상계, 상징계 같은 라캉의 사상에 관련해 말하자면, 나는 하나의 이론을 다른 이론으로 전환시키는 것이 불가능하지는 않아도 매우 어려운 일이라고 생각한다. 그렇게 하면 우리는 결국 혼란에 빠질 것이며, 각 저자와 접근법의 특수성을 잃어버리게 될 것이기 때문이다. 그래서 나는 이처럼 환원하는 것을 좋아하지 않는다. (Guberman 1996 : 22-23)

이러한 경고와 함께 크리스테바는 이런 이야기를 한다.

그러나 라캉적 사상과 일치하는 면을 찾고자 한다면, 내가 보기에는 기호계가 라캉의 실재계와 상상계 둘 다에서 나타나는 현상과 일치하는 것처럼 보인다. 라캉에게 실재계는 하나의 구멍이고 비어 있는 틈이지만, 나는 정신분석학자가 관심을 갖는 많은 경험, 특히 나르시시즘적 구조, 우울증 또는 비극적인 고통의 경험 등에서 실재계의 현존이 꼭 텅 빈 틈은 아니라고 생각한다. 그것은 기호계의 질서에 속하는 수많은 심리적 각인에 수반된다. 그래서 아마도 기호계 개념은 실재계가 텅 빔 혹은 공허함이라고 단순하게 말하지 않고서도 실재계를 얘기할 수 있도록 해준다. 그것은 실재계를 좀 더 정밀하게 다듬을 수 있게 한다. (ibid)

말하는 존재

그래서 신중할 필요는 있으나, 크리스테바의 기호계와 라캉의 상상계뿐만 아니라 크리스테바의 상징계와 라캉의 상징계 사이의 상호 관련성을 발견하는 것은 유용한 일일 수 있다. 하지만 크리스테바의 견지에서 보기에 이 둘의 중요한 차이는, 전前 상징적 차원이 결코 힘이 미치는 범위 밖에 있는 것은 아니라는 점이다. 의미작용의 정동적-충동적 양식과 함께, 기호적 코라는 의미작용의 과정에 늘 동행한다. 크리스테바는 주체가 언어적 실천의 효과라는 라캉의 견해를 공유하지만, 이제 여기에 기호적 언어 실천이 포함되어야 한다. 크리스테바의 주요 저작인 『시적 언어의 혁명』의 주제를 상기해보라. 시적 언어는 결국 담론을 분쇄시킨다.

    이 담론의 분쇄는 우리 시대의 담론적 총체성 내부에 있는 특수한 고립 때문에 언어적 변화가 '주체의 지위', 즉 자신의 신체와 타자, 그리고 대상들과 맺는 주체의 관계에 일어나는 변화를 구성한다는 사실을 드러낸다. 그것은 또한 정상적인 언어가 육체와 물질적 지시 대상, 그리고 언어 그 자체를 망라하는 의미화 과정을 표현하는 수많은 방법 중 하나라는 사실도 드러낸다.(Kristeva 1984 : 15-16)

더욱이 크리스테바의 이론에서 상징계가 늘 가장 강력한 양식인 것은 아니다. '반대로, 시적 언어의 의미화 경제는 기호계가 상징계만큼이나 구속력이 있을 뿐만 아니라 정립적이고 술어적인 구속력을 희생시킨 대가로 에고의 판단 의식을 지배하는 경향이 있다는 점에서 특수하다.'(1980 : 134) 이는 말하는 존재가 안정적인 주체가 아니라는 것을 의미한다. 그/그녀는 완전히 다른 어떤 것, 요컨대 과정 중에 있는 주체이다.

이 핵심 사상을 설명하려면 『시적 언어의 혁명』이 제공한 단서에서 출발하는 것이 가장 적절할 듯싶다. 크리스테바가 이 텍스트의 앞부분에서 말한 대로, 의미화 과정의 변증법적 개념은 "의미생산이 어떻게 주체를 과정/시도 중에 있게 하는지를" 보여준다.(1984 : 22)

여기서 '과정 중의 주체le sujet en procès'가 처음으로 언급되는데, 이 용어는 '과정 중의 주체' 혹은 '시도 중의 주체' 등으로 다양하게 번역된다. 프랑스어에서 'en procès'라는 어구는 '과정 속에 있다'와 합법적 감금 아래 있다는 이중적 인유로 쓰인다. 기호계와 함께 위반적이고 분열적이며 혁명적이기까지 한 의미화 과정은 주체를 과정 속에 둔다. 어떻게 그렇게 하는가? 크리스테바의 기호계, 상징계 구분을 상기해보라.

우리는 기호계가 더 원초적이고 무의식적으로 충동적이고, 심지어 탐욕스럽기까지 한 의미화 양식이라고 말할 수도 있다. 그것은 아방가르드 시에서 그러했던 것처럼 의미작용 속에 침투하여 더 규범적이고 상징적인 의사소통의 노력을 파괴한다. 기호계는 또한 주체의 통일성 결핍을 보여주고 확대한다.『시적 언어의 혁명』에서는 이 같

의미생산Signifiance   크리스테바의 저서를 번역한 리언 루디즈Leon Roudiez는 '의미생산signifiance이란 텍스트로 하여금 재현적이고 소통적인 발화가 말하지 않는 것을 의미화할 수 있도록 하는, (기호적이고 상징적인 배치의 이종적인 분절을 통해) 언어에서 수행되는 작업을 지시한다.'고 기술한다.(Kristeva 1980 : 18) 이것은 '의미significance'가 함축하는 것, 즉 이 말의 일반적인 의미보다 더 특수한 것을 나타내려고 크리스테바가 종종 사용한 용어이다. 의미생산은 기호계가 상징계와 협력하여 생산한 의미이다.

은 의미작용의 분열적 양상이 시적 언어에 한정된 것처럼 보이지만, 후기 저작에서는 다른 텍스트들과 의미화 실천들에 이르기까지 '기호작용semiosis'이 확대된다. 크리스테바에게 기호작용은 기호계가 비록 다의적이긴 해도 의미를 생산하는 데 기여하는 방식이다. 살아 있는 말하는 존재라면 누구나 기호적 분열에서 자유롭지 못하다. 뿐더러 어떤 말하는 존재도 어떤 방법으로든지 기호계를 표현하지 않는 한 제정신으로 기능할 수 없다.

정신분석 이론과 실천 작업이 격렬했던 10년의 기간이 훨씬 지난 뒤에, 거의 20년이 지난 시점에서 크리스테바는 이 주제를 발전시킨다. 크리스테바는 라캉을 인용하여 '상상계는 발화 주체의 토대를 마려한 에고 이미지의 만화경'이라고 기술한다.(1995 : 104) 이 이미지는 근본적으로 동일시와, 주체가 타자들, 예를 들어 초기에는 어머니, 거울상, 그리고 나중에는 연인 혹은 분석가 등과 함께 한 투자의 결과로 나타난다. 이러한 동일시는 그/그녀로 하여금 유아나 광인의 옹알거림보다는 오히려 조리 있는 방법으로 말을 시작할 수 있도록 하는 상상적 자아감을 주체에게 부여하게 한다. '나'가 발달하기 시작하는 것도 바로 이 상상적 영역에서이다. 즉, 상상의 '거짓' 동일시 덕분이다.('나는 단일하지 않으며, 거울 속의 이미지와 동일하지 않다.)

우리는 또한 크리스테바가 상상계에 대해 생물학적인 주장을 편다는 점에 주목해야 한다. 그녀는 상상계를 "뇌의 하층에 있는 특수한 충동의 표상들"(ibid)과 결합시키고자 한다. '따라서 (상상계는) 이 하층들과 언어적 생산을 통제하는 피질 사이의 중계자로 활동할 수 있고, 그럼으로써 정신생물학적 결핍증을 치료할 수 있는 보충적 뇌 회

로를 구성할 수 있게 된다.'(ibid)

크리스테바는 상징계에 진입하는 것, 즉 말하는 것에 어려움을 겪는 소년을 본 뒤로 이 이론을 정신분석학적 실천에 적용한다. 분석가가 아이를 언어 발달 지체로 다루는 것은 그렇게 드문 일이 아니다. 크리스테바는 아이의 문제를 머리 문제로 다루지 않고 자신이 상징계의 토대라고 생각하는 것, 말하자면 의미작용의 기호적 방식을 수반하는 의미작용의 상상적 영역에 초점을 맞춘다. 그녀는 기호계와 상징계의 구분을 다시 도입하여 기호계와 언어적 의미작용을

프시케Psyche와 소마Soma 서구의 사상사적 전통 속에서 대부분의 철학자들은 정신mind과 육체body, 그리스어로는 '프시케Psyche'와 '소마Soma'를 뚜렷하게 구분해왔다. 정신/육체의 이분법은 서구에서 더 일반적인 또 다른 이분법, 즉 문화와 자연의 이분법과 궤를 같이한다. 이 이분법에서 문화는 인간 존재가 학습받은 방법으로 세계를 문명화해온 방식이고(정신), 자연은 가공되지 않는 상태 그대로의 세계, 인간 존재의 동물성이다(육체). 이 용어들은 보통 완전히 대립 관계에 있는 것처럼 보이기 때문에, 우리가 물려받은 이원론적 사고는 또 다른 이분법들, 예를 들어 능동/수동, 이성/감정, 남성/여성 등과 같은 이분법들을 만들어낸다. 19세기로 접어들면서 니체, 데리다, 프랑스 철학자 모리스 메를로 퐁티Maurice Merleau-Ponty(1908~1961) 등 일군의 철학자들이 이 이분법을 넘어서고자 노력했다. 크리스테바 역시 이러한 궤적의 한 부분을 차지한다. 그녀의 작업 대부분은 이 이분법들을 겨냥하여 육체적 에너지가 어떻게 우리의 의미화 실천에 침투해 들어가는지, 그리하여 육체와 정신이 어떻게 절대로 분리될 수 없게 되는지를 보여준다. 이 기획 속에서 그녀는 상당 부분 프로이트에 의존한다. 프로이트에게 리비도적 에너지를 가진 이드는 단순히 생물학적 실체가 아니다. 무엇보다도 이드는 정신의 한 부분이다.

구분한다.

'기호계'는 지각 양상들이 종종 비언어적인(소리와 선율, 리듬, 색깔, 냄새 등등) 일차적 과정에 따라 조직된 충동-관련적이고 정동적인 '의미meaning'를 구성하고, '언어적 의미작용'은 언어적 기호들과 그것들의 논리통사적인 조직으로 표현된다. (1995 : 104)

이 언어적(즉, 상징적) 차원은 "생물학적이고 심리학적인 조건들이 보충적으로 갖추어져야 한다고 요구한다."(ibid) 달리 말하자면, 기호적/상상적 차원이 아이가 말을 시작하기 전에 기능해야 한다는 것이다. 그래서 크리스테바는 언어 지체를 겪는 소년을 치료할 때 노래 부르기에 의지한다. 두 사람은 오페라를 통해 의사소통을 시작한다. 소년 환자 폴은 자신의 목소리를 듣는 것을 점점 더 즐기게 되었다. 노래로 소통하는 것에 익숙해지면서, 소년은 일상적 발화에서 새로운 회화 기술을 사용하기 시작했다. 크리스테바의 비관습적인 치료는 기호적 의미작용 방식, 이 경우엔 노래의 형식을 거쳐 우회적으로 폴의 상징적 영역을 강화시키는 데 집중했다. 폴은 상상적 영역이 점점 더 강해지며 더욱더 상징적인 의사소통에 참여할 수 있게 되었다.

폴의 사례는 우리를 말하는 존재로 만드는 데 기호적이고 상상적인 영역이 얼마나 중요한 위치를 차지하는지를 보여준다. 기호계가 없다면 우리의 언어는 아무런 힘도 갖지 못할 것이다. 다시 말해, 의미를 박탈당할 것이다. 기호적 힘이 없다면, 우리는 그저 책을 읽는 것처럼 말하는 나쁜 연기자같이 될 것이다. 상상계가 말하는 존재로서 살아가는 동안 영원히 현존하는 영토라는 주장과 함께, 크리스테바의 기호계 이론은 그녀가 정신분석 이론과 문학 비평 두 영역에서 활동할 수 있게 한다. 만약 상상계가 사라지는 것이라면 상징계에 진입하지 못한 사람들을 돕는다거나, 혹은 그렇게나 많이 고통받은 예술가들에게서 물려받은 문학을 이해하는 데 상상계를 이용하지 못할 것이다.

개방적 체계

크리스테바의 '과정 중의 주체' 이론은 또 다른 핵심 관념을 낳는다. 주체성이 개방적 체계open system 속에서 발생한다는 생각이 바로 그것이다. 그녀는 이 개념을 생물학자들에게서 빌려온다.

> 〔생물학자들은〕 살아 있는 존재는 단지 하나의 구조이기만 한 것이 아니라, 주변과 다른 구조들에 개방된 구조이고, 상호 작용은 생식과 배설의 질서이며 살아 있는 존재로 하여금 살아가고 성장하고 그 자신을 갱신하도록 하는 이 개방적 구조에서 일어난다고 생각한다.(Guberman 1996 : 26)

우리는 이러한 견해를, 우리는 모두 독립적이고 자율적으로 행동하는 것을 학습하는 별개의 존재들이라고 보는 관습적인 주체성 이해와 대조해볼 수 있다. 적어도 18세기 이후로 서구의 이상은 각 개인이 자신의 합리적 자율성에 따라 행동하고, 다른 것들의 부적절한 영향에서 자유로울 수 있어야 한다는 것이었다. 크리스테바는 이 같은 배경을 비난하는 듯하다.

크리스테바는 안정적이고 단일한 자아 모델 대신, 항상 과정 중에 있고 이질-혼성적인 자아 모델을 제공한다. 자아의 정동적 에너지들은 주어진 자기 이해를 지속적으로 와해시킨다. 더욱이 우리는 우리를 둘러싼 사람들, 특히 우리가 사랑하는 사람들의 영향을 받기도 한다. '나르시시즘'을 설명한 박스 내용에서 요점, 즉 이드는 어디에선가는 소모될 필요가 있는 에너지로 구성된다고 한 부분을 생각해 보라. 나르시시즘 상태에서 그 에너지는 자기 자신에게 투자된다. 그러나 만약 그렇지 않다면 그 에너지는 우리가 사랑하는 사람들과, 정신분석을 받고 있다면 정신분석가에게 투자된다. 바로 이것이 '전이轉移·transference'라고 알려진 과정의 부분이다. 이 에너지 전이는 결코 단 한 번만 이루어지는 것이 아니다. 우리는 타자들의 반응과 에너지의 귀환을 받아들여 우리의 미래 행동과 자기 이해를 형성하게 된다.

이른바 '개방적 체계'를 다루는 현대의 논리학적·생물학적 이론들(본 포르스터von Forster, 에드가르 모렝Edgar Morin, 앙리 아틀란Henri Atlan 등)에서도 논의되긴 하지만, '전이'는 프로이트적인 자아 구성이다. 왜냐하면 전이의 심리적 기능은 근본적으로 살아 있는 상징적 유기체(피분석자)와 타자 사이의 상호 교류에 의존하기 때문이다. 타자에 대한 이 개방성이 각 세대의 성숙 혹은 모든 개인의 특수한 역사에서뿐 아니라 종의 진화에서도 결정적인 역할을 수행한다는 것은 이미 관찰된 사실이다. 그러나 프로이트에게는 초기의 상호적 동일시와 분리(전이와 역전이로서의 (상상적일 수도 있는) 애정 관계)가 최선의 심리적 작용 모델로 취급되어왔다고 할 수 있다. (Kristeva 1987 : 14)

사람들이 서로 감정적 유대 관계를 형성하는 때면, 언제나 그 사이에는 에너지와 욕망, 기억 등의 진자 운동이 존재하게 된다. 한 사람의 과도함은 다른 사람의 반응으로 상쇄된다. 그렇게 하여 둘은 일종의 진자 운동을 유지하며 어떤 방식으로 혹은 다른 방식으로 상대방에 대한 반응을 지속해 나간다. 애정 관계가 일종의 계약이라면, 거기에는 위험이 존재한다. '과정 중의 주체'에게 더 계약적인 관계는 환자(피분석자)와 분석가 간의 관계이다. 이 관계를 통해 주체는 자신을 괴롭히는 질병에서 벗어날 수 있다. 이런 몇 가지 사항은 다음 장에서 논의해보자.

주체는 한 번만 구성되지 않는다

크리스테바는 기호학, 정신분석학, 문학비평, 도덕 및 정치 이론 등의 분야에서 진보해왔다. 무의식은 언어처럼 구조화되어 있다는 개념에서 볼 수 있듯이, 그녀는 언어학과 정신분석학을 결합한 프랑스 정신분석가이자 이론가인 자크 라캉의 작업을 발전시켰다. 라캉이 '상상적' 영역은 분석 범위 너머에 존재하며, 주체성을 이해하는 데 정작 중요한 것은 상징적 영역이라고 주장하는 반면, 크리스테바는 상상적 영역은 기호적 양식 속에 흔적을 남긴 덕택에 이해될 수 있고 따라서 주목받아야 한다고 주장한다. 이 영역은 항상 좀 더 시적이고 정서 환기적인 의미작용 수단 속에서 작용한다. 달리 말해, '아버지의 상징적인 법', 즉 우리의 의미화 실천의 규범적인 국면은 결코 크리스테바의 기호계(의미화 실천의 좀 더 유동적이고 유쾌하며 본능적인 국면)에 승리할 수 없다. 이것은 의미작용이 그리 간단한 문제가 아님을, 항상 더 원초적인 충동들로 분열된다는 것을 의미한다. 또한 말하는 존재처럼 우리도 항상 과정 속에서 작업한다는 것을 의미한다. 우리의 주체성은 결코 단 한 번만 구성되는 것이 아니다.

03

아브젝시옹

Julia Kristeva

나 혹은 경계의 탄생

이 장에서는 과정 중에 있는 주체의 가장 근본적인 과정 중 하나를 설명할 것이다. 크리스테바는 이것을 '아브젝시옹abjection'이라 명명하는데, 이것은 자기 자신에게 낯선 것을 추방하거나 거부하고, 그럼으로써 항상 모호한 '나'의 경계를 창조하는 상태를 가리킨다.

앞 장에서 설명했듯, 상상적/기호적 영역은 상징적이고 언어적인 표현의 필수적인 전제 조건인 양 보인다. 이것은 크리스테바가 기호계와 상징계 사이를 가른 변증법의 한 측면이다. 그러나 크리스테바의 작업에는 기호적이거나 상상적인 영역이 질서 있는 상징적 영역을 분열시키도록 위협하는 부정적 측면도 있다. 우리는 이것을 『시적 언어의 혁명』에서 보았다. 이는 그녀의 작업 전체에 걸쳐서 지속적으로 나타나는 주제로, 1980년에 처음 출판된 후기 저서 『공포의 권력Powers of Horror』에서 가장 두드러지게 나타난다.

『공포의 권력』은 주체성이 첫 단계에서 어떻게 구성되는지, 다시 말해 어떤 한 사람이 어떻게 그/그녀 자신을 자아와 타자 사이의 경계를 가진 분리된 존재로 보게 되는지를 보여준다. 존재들은 별개의 분리된 주체들로서 갑자기 세상 밖으로 튀어나오지 않는다. 크리스테바에 따르면 우리의 첫 경험은 충만함, 우리 주변과의 일체감, 기호적 코라 등의 경험으로 이루어진다. 유아는 아무런 경계도 갖지 않은 존재로 태어난다. 따라서 이 경계들은 개발되는 것이 틀림없다. 이 경계들이 어떻게 개발되는지, 요컨대 '나'가 어떻게 형성되는지의 문제가 정신분석학적 이론의 주요 관심사이다.

앞서 언급한 대로, 라캉은 주체성이 생후 6~18개월 사이의 어느 시점에 거울 속에 비친 자신(또는 어떤 등가물)을 힐끗 보고 그 이미지를 자기 자신으로 여기는 순간에 생겨난다고 주장한다. 이미 말한 대로 자기 자신과 이미지의 동일시는 허구이다. 왜냐하면 자아와 이미지는 같지 않기 때문이다. 그러나 그럼에도 불구하고, 이 동일시 덕분에 유아는 자신의 통일성을 개발할 수 있다. 이 경험 이전에는 유동적인 일련의 경험과 감각들만이 존재했다면, 이제는 자아가 단일한 존재, 타자들과는 분리된 주체라는 관념이 존재하는 것이다.

전前 거울 단계

크리스테바는 거울 단계가 통일성의 감각을 일으킨다는 점에는 동의하지만, 이 단계 이전에도 유아가 '나'와 타자 사이의 경계를 개발하려고 타자들과 자신을 분리하기 시작한다고 여긴다. 유아는 그녀가 아브젝시옹이라 명명한 과정, 말하자면 그 자신의 일부인 것처럼 보이는 것을 몰아내는 과정을 거치며 이 경계들을 개발한다. '아브젝트 abject'는 우리가 혐오하고 거부하고, 거의 폭력적으로 배제하는 것을 의미한다. 예를 들어 시큼한 우유라든가 배설물, 심지어는 어머니의 과격한 포옹도 여기에 속한다. 추방되는 것은 과격하게 쫓겨나지만,

결코 다 제거되지는 않는다. 그것은 유아의 경험 주변을 배회하며, 유아의 모호한 자아 경계를 끊임없이 위협한다. 어떤 것이 단지 억압되는 것이 아니라 추방된다는 것은 그것이 의식에서 전적으로 사라지지 않음을 의미한다. 그것은 그 사람의 깨끗하고 적절한 자아에 대한 무의식적인, 동시에 의식적인 위협으로 남는다. 아브젝트는 경계를 침범하는 것이다. 그것은 주체를 간절히 바라고 또 분해한다.

크리스테바가 든 예들은 매우 사실적이다. 그녀는 응고된 우유, 똥, 구토물, 시체들에 대해, 그리고 우리가 그것들 앞에서 어떻게 구역질을 하는지를 얘기한다. 이 모든 것은 우리가 자아의 경계들을 위협하기도 하고 창조하기도 하는 사물을 몰아내는 폭력을 보여준다.

음식물 혐오는 아마 가장 오래되고 기본적인 형태의 아브젝시옹일 것이다. 우유 표면의 얇은, 무해하고, 담배를 싸는 종이처럼 얇고, 손톱 부스러기처럼 보기 흉한 막이 눈에 띄거나 입술에 닿았을 때, 나는 메스꺼움이 치밀어 오르고, 좀 더 아래쪽으로 내려가 위장의 경련이 일어나고, 몸이 오그라들고, 눈물이 나며 담즙이 분비되고, 심장 박동이 빨라지고 이마와 손에서 땀이 난다. 눈앞이 흐려지는 현기증과 함께 구역질은 나를 우유 크림 앞에서 쩔쩔매게 하고, 우유를 건넨 어머니와 아버지에게서 나를 분리시킨다. '나'는 우유를 조금도 원하지 않는다. 그것은 그들이 품은 욕망의 기호일 뿐이다. '나'는 따르고 싶지 않다. '나'는 그것을 소화시킬 수 없다. '나'는 그것을 내버린다. 그러나 음식은 부모의 욕망 속에만 존재하는 '나'에게 '타자'가 아니기 때문에, 나는 '내'가 '나 자신'의 확립을 주장하는 바로 그 동일한 행동으로 '나 자신'을 몰아내고, '나 자신'을 내팽개치

고, '나 자신'을 추방하는 것이다.(Kristeva 1982 : 3)

아브젝시옹을 유발하는 또 다른 현상은 시체의 현존이다. 이 경우에는 죽음이 육체를 '오염시키는' 것처럼 보이기 때문에 삶과 죽음의 경계가 붕괴된다. 그리고 시체와 대면한 우리는 우리 삶의 덧없음을 경험한다. 여기서 나는 송두리째 오물로서 존재하고 완전히 궁극적인 경계와 마주한다. '만약 똥이 경계의 저쪽, 말하자면 내가 똥이 아니고 내가 존재할 수 있게 해주는 곳을 의미한다면, 오물들 중 가장 역겨운 것, 즉 시체는 모든 것을 빼앗아가는 경계이다. 이제 내가 추방하는 것이 아니라 오히려 '나'가 추방된다.'(ibid : 4) 시체는 내가 죽게 될 것이라는 것에 대한, '내가 상상하는 현재 너머의 다른 어떤 곳'(ibid)에 대한 혐오스러운 상기물이다. 시체의 현존은 나 자신의 경계를 침범한다.

세상을 빼앗기고, 그러므로 나는 정신을 잃는다. 시체 공시장의 가득한 햇빛 속에 드러난 저 위압적이고 노골적이며 무례한 것 속에서, 더는 어떤 것과도 연결되지 않고, 따라서 더는 아무것도 의미하지 않는 저것 속에서 나는 경계가 지워진 한 세계의 붕괴를 지켜본다. 그리고 기절한다.(ibid)

시체는 상징처럼 어떤 것을 재현하지 않는다. 그것은 나 자신의 살아 있음에 대한 직접적인 '오염'이다. '그것은 삶을 오염시키는 죽음, 곧 아브젝트이다. 그것은 거부된 어떤 것으로서, 우리는 그것에서 분리될 수도 자신을 보호할 수도 없다.'(ibid) 아브젝트는 지속적으로 우리 자신의 경계들을 침범한다. 그것은 역겹지만 또한 매혹적이기도 하다. '상상적인 섬뜩함과 실제적인 위협, 그것은 우리를 유혹하고 끝내는 우리를 집어삼킨다.'(ibid)

아브젝트로서의 어머니

그러나 아브젝시옹의 가장 중요한 사례는 바로 이것, 즉 아브젝트로서의 어머니이다. 아브젝시옹은 유아가 자신의 거울상을 인식하기 이전에, 언어를 배우기 시작하고 라캉의 상징적 영역으로 진입하기 이전에, 즉 여전히 어머니와의 상상적 결합 상태에 있을 때 처음 일어난다는 점을 상기하라. 유아는 아직 주체가 아니다. 유아는 아직 완전히 주체성의 경계선상에 있지 않다. 아브젝시옹은 유아가 거기에 도달할 수 있게끔 돕는다. 그리고 추방되어야 할 첫 번째 '사물'은 아이 자신의 기원인 어머니의 몸이다.

켈리 올리버처럼 크리스테바를 광범위하게 다룬 한 철학자는 이렇게 기술한다. '아직은 주체가 아닌 주체는 아직은 또는 더는 대상이 아닌 대상과 함께 아브젝트로서의 '그 자신'을 유지한다. 아브젝시옹은 어머니와의 일차적 나르시스적인 동일시를 부정하는 한 방법이다.'(1993 : 60)

주체가 되려면 아이는 자기 어머니와의 동일시를 포기해야 한다. 아이는 자신과 어머니 사이에 선을 그어야만 하는 것이다. 그러나 '어머니'의 경계들을 식별하기란 무척이나 힘들다. 아이는 전에는 어머니 속에 있었고, 지금은 어머니 밖에 존재한다.

'주체'는 어머니 몸의 불가능한 분리/동일성으로서 자기 자신을 발견한다. 주체는 오직 자신이 거기에서 벗어날 수 없기 때문에 그 몸을 증오한다. 경계가 없는 몸, 이 아브젝트로서의 주체가 나온 몸, 그 몸에서 벗어나기란 불가능하다.(ibid)

아이는 이중의 속박 상태에 놓여 있다. 자신의 첫사랑과의 나르시스적 결합에 대한 열망과, 주체가 되려면 이 결합을 포기해야 할 필요가 그것이다. 아이는 어머니와 여전히 하나인 한, 자아가 되려면 그 자신의 일부를 포기해야만 한다.

아이가 이 어려운 단계를 잘 통과한 이후에도 아브젝트는 계속하여 아이를 괴롭힐 것이다. 크리스테바의 아브젝트는 프로이트의 억압된 것과는 다르다. 프로이트는 주체성과 문명화가 개발되려면 주체의 욕망 대부분이 부정당하고 무의식 안으로 가라앉아야 한다고 생각했다. 프로이트는 '억압된 것의 귀환'의 지속적인 가능성을 강조했지만, 그것이 귀환하지 않는 한 그것은 보이지 않는 곳에 있다. 아브젝트의 경우엔 그와 같은 행운이 존재하지 않는다. 오물과 죽음의 예에서 본 것처럼, 그것은 의식의 주변에 무시무시한 모습으로 남아 있다. 어머니의 경우 또한 마찬가지이다. 실제로, 비유적으로 말하자면 어머니의 몸으로 되돌아가는 것에 대한 두려움, 즉 자기 자신의 정체성을 잃어버리는 것에 대한 두려움은 프로이트가 규명한 대로 기이함 uncanniness, 또는 독일어로는 '낯섦Das Unheimlich'(글자 그대로 '집에 있는 것 같지 않은')이란 느낌의 궁극적인 원천이다.

 '우리는 언어적 용법이 왜 '낯익음Das Heimlich'('집에 있는 것 같은') 을 반대말인 '낯섦Das Unheimlich'으로 확장했는지 그 이유를 이해할 수 있다. 왜냐하면 이 기이함이 실제로는 새롭거나 낯선 어떤 것이 아니라 낯익고 우리 마음속에 오랫동안 확립되어 있던 어떤 것이기 때문이다.'(Freud 1919 : 241) 무엇이 어머니의 자궁보다 더 '친숙한' 것일 수 있는가? 궁극적으로 '낯선' 장소는 다음과 같다.

> 모든 인간 존재의 고향 집, 우리 각자가 먼 옛날, 처음에 살았던 곳으로 들어가는 입구이다. …… 인간이 어떤 장소나 시골을 꿈꾸고, 꿈을 꾸는 동안 자신에게 '이곳은 내게 낯익은 곳이야, 예전에 한번 와 본 것 같아.'라고 말할 때면 언제나 우리는 그곳을 어머니의 생식기 또는 어머니의 몸이라고 해석한다.(ibid : 368)

 프로이트는 크리스테바의 견해가 될 사고를 확립하는데, 그는 이러한 현상이 상징적 영역에 진입하기 이전의, 고유한 주체가 형성되기 이전의 자아의 기억을 불러일으킨다고 보았다. 프로이트는 이 기이함의 감정을 추적하여 그것이 '자아 관련 감정의 전개 과정에서 나타나는 특수한 단계, 즉 에고가 아직 외부 세계 및 다른 사람과 자신을 분명하게 구분하지 않던 어느 시점으로의 퇴행'(ibid : 236)에서 유래했다고 밝힌다. 프로이트는 '기이함이 은밀하게 친숙한 어떤 것, 억압당하고 그러고는 되돌아오는 어떤 것'(ibid : 245)이라고 주장한다. 프로이트는 이러한 현상을 '억압된 것의 귀환'이라고 명명했지만,

크리스테바는 '어머니의 아브젝시옹maternal abjection'이라고 명명한다. 그러나 둘 다 이 상태가 의식의 영원한 반려, 즉 주체성 상실의 깊은 불안일 뿐 아니라 모성적 '코라'로 되돌아가고자 하는 열망이라는 것에 분명히 동의한다.

크리스테바의 아브젝시옹 설명에서, 독자는 이 과정이 한 개인의 발달 과정에서 지나가는 단계가 아니라는 것을 알 수 있다. 그것은 한 사람의 삶 전체에 걸쳐서 반려자로 남는다. 결과적으로 문화는 그것의 위협을 처리하는 제의들을 확립해왔다. 크리스테바는 종교가 정화하거나 순화하는 방법을 확립함으로써 그러한 목적에 기여해왔다고 주장한다. 일부 종교에서는 어떤 음식물이나 실천들을 금지하는데, 이는 그 속에 본래 포함된 어떤 것 때문이 아니라, 그것들이 자아의 정체성이나 사회적 질서를 위협하기 때문이다. 사회가 발전하고 종교가 약화되면서 예술이 종교의 정화 기능을 이어받는다. 예술은 종종 쫓아버리고자 하는 혐오물을 불러들이는 방법으로 정화 기능을 수행한다.

아브젝시옹에 대한 지금까지의 논의를 요약해보자. 크리스테바는 유아가 어머니 및 환경과 미분화된 결합 상태에서 벗어나는 과정을 기술한다. 유아는 자신의 깨끗하고 적절한 자아의 일부가 아닌 것을 육체적으로 그리고 정신적으로 추방함으로써 그렇게 한다. 이러한 방법으로 유아는 발달 과정의 거울 단계에 이르기 전에, 언어를 배우기 전에 분리된 '나'의 감각을 개발하기 시작한다. 그러나 아이가 추방한 것들은 단 한 번만으로 사라지지 않는다. 추방된 것들은 주체의 의식에 끊임없이 출몰하고 의식 주변에 남아 있다. 주체는 이 추방된 것에서 혐오와 매혹을 동시에 느끼고, 그래서 그/그녀의 자아 경계들은 역설적이게도 지속적으로 위협받는 동시에 유지된다. 자아 경계는 추방된 것이 그 경계를 부수기에 충분할 정도로 매혹적이기 때문에 위협받으며, 그러한 붕괴의 두려움이 주체로 하여금 방심하지 않도록 하기 때문에 유지된다.

문학과 고통 : 셀린의 아브젝시옹

크리스테바의 관점에서 문학은 저자와 독자로 하여금 그들의 영혼을 고통스럽게 하는 어떤 질병들을 통과할 수 있도록 돕는 것이다. 여기서 '영혼soul'은 비종교적인 면에서 정신spirit보다는 심리나 마음에 더 가까운 어떤 것을 가리키는 말로 쓰인다. 이 고통들은 아브젝시옹을 포함한다. 멜랑콜리melancholia로 알려진 우울증, 여러 신경증과 정신병 등이 바로 그것이다. 정신분석학적 측면에서 보자면, 주체는 갈등을 통과하는 것을 포함한 이 고통들을 이겨냄으로써 그 갈등을 행동으로 나타내지 않을 수 있게 된다. 문학은 우리를 고통스럽게 하는 것에서 벗어나는 길을 제공한다. 문학은 어떤 종류의 영혼이 앓는 질병의 증상을 전시하는 동시에 영혼을 정화할 수 있다.

이것은 아브젝시옹의 경우에는 분명한 사실이다. 크리스테바가 아브젝시옹과 문학에 대해 언급한 대로.

> 문학이 (아브젝시옹의) 특권적 기표라고 주장함으로써, 나는 일반적으로 문학을 우리 문화의 대수롭지 않은 주변부적 행위라고 보는 데 합의하

는 견해와는 다르게, 문학이 우리의 위기들, 우리의 가장 내밀하고 가장 진지한 묵시록에 대한 최후의 약호를 표현한다는 점을 지적하고 싶다. 따라서 그것은 밤의 힘이다.(1982 : 208)

거의 모든 저작에서, 가장 정신분석학적인 저작들에서조차 크리스테바는 글쓰기의 '밤의 힘nocturnal power'을 이해하고자 하는 문학비평가로서, 그리고 그/그녀의 위기에서 벗어나는 주체로서의 작가를 이해하려 노력하는 분석가로서 문학 텍스트를 계속 참조한다. 또한 문학은 '아브젝트에 대한 최후의 저항이 아니라 아브젝트의 정체 폭로

신경증, 정신병, 경계성 불안   정신분석학은 19세기 동안 신경의 질병으로 간주된 신경증neurosis을 치료하는 한 방법으로 시작됐다. 프로이트는 많은 신경증 환자들에게 주의를 기울이며 이 견해를 반박했다. 오늘날 신경증은 인격성 혼란으로 이해된다. 여러 종류의 신경증이 있고, 그것들은 비록 전부는 아니더라도 거의 대부분 정신분석학적으로 치료될 수 있다. 신경증적인 사람은 정상이고, 아마도 자신의 혼란을 잘 알 것이다. 고전 정신분석학 이론에서 정신병psychosis은 꽤 다르다. 정신병 환자는 현실과 접촉하지 않고 자신들에게 깊이 빠져 있어서(나르시스적이라서) 정신분석의 좋은 대상이 되지 못한다. 그들은 자신들의 감정과 생각 등을 분석가에게 옮겨놓지 못한다.(이것이 전이로 알려진 중대한 과정이다.) 정신분열증 환자와 심각한 조울증 환자를 포함하여 정신병을 가진 사람들은 흔히 약물치료를 받는다. 경계성 환자는 그 증상이 신경증이거나, 아니면 정신병으로 바로 분류되지 않는 사람들인데, 이는 그들의 증상이 범주화를 거부하기 때문이거나 정신병 환자처럼 취급되는 것이 정당화될 만큼 충분히 심각하지 않기 때문이다.(Rycroft 1968)

이다. 즉, 말의 위기로써 아브젝시옹을 가공하고, 방출하고, 도려내는 것이다.'라고 말한다.(ibid)

『공포의 권력』에서 크리스테바는 아브젝시옹의 과정을 생생하게 묘사한 다음, 아브젝시옹의 '특권적 기표'인 문학에서 아브젝시옹이 어떻게 작동하는지 보여주려고 두 편의 문학, 즉 성경과 셀린Céline으로 알려진 19세기 작가의 작품을 참조한다. 여기서는 셀린의 예를 다루기로 하겠다.

루이 페르디낭 셀린Louis-Ferdinand Céline은 프랑스 작가이자 의사인 루이 페르디낭 데투슈Louis-Ferdinand Destouches(1894~1961)의 필명이다.

> 크리스테바의 용어학을 사용한다면, 우리는 어떤 종류의 인격성 혼란을 겪지만 상징적 담론과 그것이 의존하는 모든 중요한 차이(즉, 주체와 대상)를 충분히 파악하는 사람들을 신경증 환자라고 부를 수 있다. 정신병적인 사람들은 고전 이론이 동의하는 것처럼 문화의 상징적인 양식을 사용하지 못하는 사람들이다. 왜냐하면 그들은 나르시스적인 상태에 있고, 상징적인 사고에서 표명되는 차이들과 타협하지 못하기 때문이다. 상징적 구조가 거부되거나 붕괴할 때면 언제나 실재는 주체를 위해 지워진다.(Kristeva 1989a : 46) 더욱이 주체가 기호적 정동의 의미화를 절단할 때에는 그 주체가 의미 있는 어떤 것을 말하는 것은 불가능해진다. (상징적=정상, 기호적=비정상이라고 보는 오해를 예방하고자 이렇게 말하는 것이다.) 크리스테바의 용어학은 또한 경계성 환자들을 더 잘 이해하게 해준다. 그들은 자아의 경계를 심각하게 위협받으며, 상징계와의 결속이 매우 취약하고, 자신의 기호적 정동들을 거의 통제하지 못하는 사람들이다. 여러 '영혼의 질병'에 대한 크리스테바의 이론은 사람들이 어떻게 이런 상태에 이르게 되는지를 설명해준다.

데투슈 할머니의 성이 셀린이다. 셀린은 "오늘날 소설계의 가장 강력한 지하의 힘"으로 불렸다.(이 표현은 '게일Gale 데이터베이스'에서 가져온 것이다.) 그는 미래의 진용, 즉 장 폴 사르트르, 헨리 밀러, 알베르 카뮈, 사뮈엘 베케트, 알랭 로브그리예, 미셀 뷔토르, 윌리엄 버로스, 토머스 핀천, 귄터 그라스, 조셉 헬러 등을 포함한 전위적 작가들이 성장할 문학적 토대를 마련했다. 그의 소설 대부분은 염세적이고 신성모독적이며 정신착란적인 노인들의 1인칭 서사로 되어 있다. 전기 작가인 베티나 크나프Bettina Knapp는 그의 세계를 다음과 같이 묘사한다. '거대한 언어적 프레스코화가 앞으로 희미하게 나타나고, 끔찍해 보이는 거인들이 쿵쿵거리며 걸어다니고, 하반신 마비 환자, 중풍 환자, 도깨비들, 피범벅이 된 생존자들이 빙빙 맴돈다. 절단과 광기와 살인과 질병들이 웅장하고 섬뜩하며 장대한 모습으로 독자들의 눈앞에 펼쳐진다.'

1930년대 씌어진 셀린의 초기 소설들은 대단한 성공을 거두지만, 2차 세계대전을 배경으로 한 소설들은 독자들에게 혐오감을 불러일으킨다. 독자들은 그의 소설에서 단지 염세적이기만 한 것이 아니라 반유대주의적이고 인종주의적이며, 나치 부역자로서의 저자의 모습을 보았다. 전쟁이 끝난 뒤에 그는 은신처를 구해왔던 덴마크에서 나치 지지를 이유로 14개월 동안 수감되었다가 병이 악화되어 석방된다. 전쟁 이후에 그는 자신의 견해를 수정한다. 그의 마지막 자전적 소설 세 편은 전쟁의 결과로 벌어진 유럽의 붕괴를 연대기적으로 서술한다. 어떤 주석자는 이 마지막 3부작에 대해 "서구 예술의 가장 위대한 걸작이자 우리 시대의 가장 위대한 문학적 걸작"이라고 평했다.

이러한 비평적 찬사에도 불구하고, 셀린은 호감이 가지 않는 사람으로 남았다. 1960년대에 이르러서야 비평가들과 독자들이 그의 작품에 주목하게 되었다. 그 이후로 그처럼 훌륭한 작가가 왜 그토록 반유대주의적인 책들을 썼는지에 대한 의문이 제기되었다. 단지 자신의 견해를 피력하며 실수를 범한 것인가, 아니면 유럽의 평화를 이루려는 뜻에서 잘못된 시도를 한 것인가? 그는 단지 미치광이에 불과한가? 미국의 문학비평가 아나톨 브로야드Anatole Broyard는 《뉴욕타임스 북리뷰New York Times Book Review》에서 '소설가로서의 (셀린의) 천재성과 그의 반유대주의의 관계는 만족스럽게 설명되지 않았다.'고 기술했다.

그러나 아마도 아닐 것이다. 아니면 브로야드는 셀린의 작품을 분석한 줄리아 크리스테바의 글을 읽지 않았을 것이다. 크리스테바는 『공포의 권력』의 후반부를 셀린에게 할애했다. 그녀는 묻는다. 우리는 왜 그토록 강렬하게 셀린에게 매혹되는가? 그녀의 말에 따르면, 셀린 작품의 효과는 '우리 내부에서 방어, 훈련, 말, 또는 그 밖에 그것들과의 다툼 등을 교묘히 회피하는 것'(1982 : 134)을 상기시킨다는 데 있다.

셀린을 읽다 보면 벗겨진 살갗과 견고한 성의 외양 아래 우리의 붕괴된 방어기제가 폭로하는 주체성의 나약한 위치에 사로잡히게 된다. 내부도 아니고 외부도 아닌 곳, 외부의 상처가 내부의 혐오로 바뀌고, 전쟁이 부패와 나란히 있는 곳. 사회적이고 가족적인 견고함이 그 아름다운 가면이 순결한 악덕의 사랑스러운 혐오 속에서 무너지는 곳. 경계와 동요, 나약하고 뒤섞인 정체성, 주체와 그 대상의 방황, 두려움과 투쟁, 아브젝시옹과 서정성의 세계. 사회적인 것과 반사회적인 것, 가족과 범죄, 여성과 남성, 애정과 살해 사이의 분기점.(ibid : 135)

셀린은 아브젝시옹의 작가이다. 크리스테바가 보여준 것처럼 아브젝시옹이 그에 대해 저술하고, 그가 독자를 상대로 아브젝시옹에 대해 저술한다. 셀린을 읽을 때, 우리의 자아 경계는 심문을 당한다. 우리는 내부와 외부, 자아와 타자, 낯선 것과 낯익은 것을 식별할 수 있는 능력을 잃어버리기 시작한다. 이러한 현상이 독자를 정립(1장을 상기하라.)에 선행하는 단계, 말하자면 대상들을 판단하는 능력, 심지어는 어떤 것이 대상이고 내가 아닌지를 판단하는 능력에 앞서 있는 단계로 되돌아가게 한다. 셀린을 읽는 동안, 억제하고 판단하는 독자의 능력, 다시 말해 정립 단계에서 획득한 능력은 '모호해지고, 공허해지고, 쇠약해지며 산산이 부서진다. 그것은 덧없고 우스우며 심지어는 바보스럽기까지 한 환상, 그러나 여전히 지속되는 환상이다.' (ibid)

 셀린의 작품들이 전적으로 의미를 해체하는 것은 아니다. 아브젝시옹의 부정적인 측면이 그러한 것처럼. 셀린의 작품들 역시 의미를 유지한다. 그의 텍스트들이 단지 사물들을 내쫓기만 하는 것은 아니다. 그의 텍스트들 또한 대상이 아무리 혐오스러운 것이라 해도 그것들을 창조하기도 한다. 이것이 아브젝시옹 병리학의 한 부분이다. 즉, 추방된 것들의 환영이 공포의 대상, 증오의 대상으로 바뀌는 것.

 이것이 크리스테바가 셀린의 나치즘을 검토하는 방식이다. 그의 나치즘은 정당화될 수 없다. 그의 글쓰기에서 엿보이는, 크리스테바

'아브젝시옹의 작가' 셀린
1960년에 촬영한 사진. 20세기 초반 프랑스의 작가이자 의사인 셀린의 본명은 루이 페르디낭 데투슈이다. 염세적이고 신성모독적이며, 정신착란적인 주인공을 내세운 그는 사르트르와 밀러, 카뮈, 베케트 등 20세기의 전위적 작가들이 성장할 문학적 토대를 마련한 인물로 평가받는다. 이처럼 독자와 평단 양쪽에서 호평받았던 그가 왜 반대유주의적이고 인종주의적인 소설을 썼을까? 크리스테바는 『공포의 권력』에서 셀린의 서사적 분열을 검토하여, 이 분열이 그 자신의 정체성에 일어난 분열이 가져온 결과라고 분석한다. 또한 우리가 셀린에게 매혹되는 이유가, "셀린을 읽다 보면 벗겨진 살갗과 견고한 성의 외양 아래 우리의 붕괴된 방어기제가 폭로하는 주체성의 나약한 위치에 사로잡히게" 되기 때문이라고 말한다.

에게는 셀린 자신의 표현으로 보이는, 환각적이고 탈중심적이며 참을 수 없는, 그리고 분열적인 특성을 고려해 보면, 그에게는 어떤 평형추가 필요했다. 셀린의 서사적 분열은 그 자신의 정체성에 일어난 잠재적 분열이 가져온 결과이다. 그는 자신이 완전히 미치는 것을 막고자 유대인 혐오가 가져다준 박약한 정체성에 집착한다. 이런 점에서 그는 어떤 정치적 참여의 논리에 가담한다. 그는 자신을 한 집단의 일부, 말하자면 유대교도가 아닌 사람들의 일부로 생각하는 데서 보호막을 구한 것이다.

파시즘의 비논리

셀린의 서사물은 극단적일지는 몰라도 놀랄 만한 것은 아니다. 크리스테바의 진술에 따르자면, 모든 문학은 일종의 카타르시스이고, 작가가 이질적이고 불결한 것을 배출하는 시도이다. 모든 정화 의식을 가진 성경이 일찍이 이것을 예증했다. 그러나 20세기 문학은 '서사적 조직이 얼마나 지속적으로 파열의 위협을 받는 얇은 필름'(Kristeva 1982 : 14)인지를 가장 생생하게 보여준다. 모든 서사물은 허구적 통일성, 즉 단일한 의미와 동일성을 창조하려 한다. 그러나 그러한 통일성이 아브젝시옹의 효과인 한, 그것은 박약할 수밖에 없고, 따라서 그것은 고통의 이야기가 된다. 죽음, 부패, 오염, 심지어 탄생의 이미지들이 편재하는 셀린의 글쓰기는 고통으로 가득하다. 크리스테바는 셀린이 아이 분만에 매혹되는 것을 두고 이렇게 논평한다.

셀린이 아브젝시옹의 절정, 그래서 문학의 최상이자 유일한 관심을 분만 장면에서 찾아낼 때, 그는 분만에 대한 환상, 즉 보이지 않는 세계의 금지된 문을 통해 어머니의 육체를 훔쳐본다는 '공포스러운' 어떤 것을 폭넓게 설명한다. …… 분만은 삶과 살육의 극치이자 (안과 밖, 에고와 타자, 삶과 죽음 사이의) 머뭇거림, 공포와 아름다움, 섹슈얼리티와 성욕의 거친 부인 등이 함께 타오르는 순간이다.(ibid : 155)

여기 '여성성의 문door of the feminine', 다른 말로 주체가 되는 것과는 너무나 다른 것의 입구, 곧 아브젝시옹에서 우리는 나치즘과 파시즘을 추동시키는 경제를 일별하게 된다.

셀린의 반유대주의적 저작들 속에서 크리스테바는 이 경제를 확인시켜주는 두 가지 특징을 규명한다. 첫 특징은 셀린이 보여준 '상징계에 대한 분노'이다. 크리스테바가 발견한 대로 셀린은 "종교와 유사 종교, 도덕 기구들(교회, 프리메이슨 비밀결사대, 학교, 지적 엘리트, 공산주의 이념 등등)을 포함하여 그 당시의 대표적인 기구들을 신랄하게 비난한다. 그것은 결국 셀린이 환각을 일으켜 그것들의 근간이자 조상이 유대 일신교라고 생각하는 데에서 최고조에 이른다."(ibid : 178)

크리스테바는 여기서 그녀가 앞 장에서 발전시켜온 요점을 언급한다. 성경의 이야기들이 입증하듯이, 유대교적 전통은 정화 의식들에 기초한다. 성경은 (최소한 유대교적 세계에서는) 인류가 어떻게 아브젝시옹을 통해, 즉 정화 의식들을 통해 발전해왔는지를 이야기한다. 이 정화 의식들에서는 주체가 처음부터 늘 깨끗하게 씻겨져야 한다. '혐오가 나의 상징적 존재의 안감이라면, '나'는 그러므로 순결하기도 하고 또한 불결하기도 한 이종적인 존재로서 항상 잠재적으로 비난받아야 한다.'(ibid : 112) 이런 상태에서 어떻게 살아갈 수 있겠는가? 살아가려면 이러한 위치를 허용하는 체계 또는 법을 개발해야 한다. 요컨대 나는 희생자이고, 나를 더럽히는 모든 것을 정화할 수 있다는 '법'이 바로 그것이다. 성경에서 외치고 있는 대로 신의 법률은 확실히 이런 방향으로 나아간다. 그러나 어떤 것도 깨끗한 것과 더러운 것, 신성한 것과 불경한 것을 명명하고, 그리하여 분리하는 언어의 개발보다 더 잘 그쪽으로 나아가지 못한다. 어떤 것도 상징적 언어 그 자체보다 더 잘 주체를 정화하지 못한다. 셀린이 상징계에 대해 분노할 때, 그는 그와 같은 법의 필요를 일으킨 이종성에 대해 분노하고 있는 것이다.

크리스테바가 규명한 둘째 특징은 상징적인 법을 신비주의적인 법으로 대체하고자 한 셀린의 시도이다. '민족을 인도할 수 있는 이념이 있다. 법이 있다. …… 우리는 하나의 이념, 엄격한 독트린, 견고한 독트린, 그 무엇보다도 무시무시한 독트린을 필요로 한다. 우리는 프랑스를 위해 바로 그것을 필요로 한다.'고 셀린은 기술했다. 상징적 질서의 중재 대신에 그는 모든 욕망의 완전하고 즉각적인 충족을 원한다. 그는 주체-대상의 구분이 발생하기 이전의 코라에서 나타나는 자기애 형태의 일차적 나르시시즘 단계로 되돌아가고자 한다. 그는 음악과 춤에서 그러한 만족을 기대한다. 셀린은 "물질적 낙관론', 즉 가족, 국가, 인종, 육체 등에서 구현될 충만하고 실체적이고 위안을 주며 행복한 실질'을 열망한다고 크리스테바는 쓴다.(ibid : 178)

셀린이 추구하는 것에는 분명 매혹적인 점이 존재한다. 크리스테바도 그의 논리에서 이해해줄 만한 것을 발견하지만, 그의 논리는 치명적이라고 쓴다.

> 문체적 매력과 자유론적 자발성은 모두 자체적으로 그 자신의 '한계'를 낳는다. (상징적 법의) 사유와 윤리적이거나 합법적인 통일성의 압력에서 도피하려는 바로 그 순간에, 그것들은 틀림없이 가장 치명적인 환상과 결합하게 된다. …… 반유대주의……는 일종의 유사 종교적인 구성물이다. 그것은 신자나 비신자나 똑같이 아브젝시옹을 경험하려고 추구하는 역사적이고 사회학적인 흥분이다. 결과적으로 반유대주의는 사회적인 코드, 그리고/또는 상징적인 코드가 아브젝시옹을 개발하는 데 부족하다고 느껴질수록 더욱더 과격해진다고 생각할 수도 있다. …… 최소한 우리 자신의 문화적 궤도에서는, 억압된 것들(리듬, 충동, 여성성 등등)로 회귀하자고 일방적으로 호소하는 방법으로 유대-기독교적 울타리에서 벗어나려는 모든 시도는 결국 셀린류의 반유대주의적 환상으로 수렴되지 않겠는가?(ibid : 179-180)

크리스테바의 관점에서 보면, 반유대주의적 환상은 상징적 질서를 거부하고, 진실로 미분화된 기호적 코라, 초기의 충만함으로 되돌아갈 수 있다고 믿는 망상과 다르지 않다. 상징적 질서가 아무리 거주할 수 없는 것처럼 보인다고 해도, 초기 상태로 되돌아간다는 것은 모든 종류의 삶이 완전한 몰락에 들어서는 것이다. 우리는 '휴식과 희열에 대한 공동체주의적 갈망'(ibid)을 경계해야 한다. 이 갈망은 오직 죽음으로써만 만족될 수 있다.

크리스테바의 아브젝시옹 이론은 셀린이 심각한 실수를 범한 것인지, 아니면 정신적으로 불안정한 것인지 묻는 질문에 대답할 수 있는 유력한 방법을 제공한다. 그는 둘 다이거나 둘 다 아니다. 물론 그는 특정 집단의 사람들을 모든 잘못된 것의 원천으로 지목하고, 히틀러와의 제휴가 평화를 가져올 것이라고 생각했다는 점에서 실수를 범했다. 그러나 그가 실수했다고 말하는 것은 그를 용서할 수 없다고 완곡하게 말하는 것과 같다. 그는 편집증, 경계성, 환각 환자들과 마찬가지로 주체성의 경계가 확실하게 고정되어 있지 않았다. 그러나 정신적 불안정성의 해명은 셀린이 어떤 개인적 특이성과 심리적 질병으로 고통받았다는 것을 암시한다. 사실상 셀린을 괴롭힌 것은 자신들의 주체성, 또는 다른 어떤 사람들의 주체성을 희생시켜서라도 삶의 충만함과 완전함을 회복하고자 하는 사람들의 질병이었다. 이것이 정신이상이라고 해도 책임을 회피할 수는 없다. 크리스테바의 아브젝시옹 이론은 셀린의 질병이 실수냐 아니면 정신이상이냐 하는 문제가 암시하는 것보다 훨씬 중요하다는 점을 보여준다.

아브젝시옹의 추방과 출몰

아브젝시옹의 심리적 현상은 크리스테바의 주체성 이론과 문학비평에서 중심적인 역할을 담당한다. 아브젝시옹은 '자기 자신'에게 '다른' 것으로 판단되는 것을 추방하는 하나의 과정으로, 주체성의 경계를 한정하는 하나의 수단이다. 그러나 그것은 또한 결코 전적으로 사라지지 않는 현상으로, 주체성에 출몰하여 이미 구성된 것을 해체하도록 위협한다. 우리 자신의 자아 감각은 결코 안정적이거나 동요하지 않는 것이 아니다. '자기 자신'을 확고하게 지키고자 주체는 자신의 경계를 무력화시킬지도 모르는 것을 감시해야만 한다. 크리스테바는 많은 문학적 창조가 이 같은 감시의 수단이고, 이질적이거나 혐오스러운 것의 배설이자 정화라고 주장한다. 그러나 이 문학적 산물은 종종 인간성의 어두운 측면, 말하자면 이방인들을 '불결하다'고 보고, 낯설거나 아니면 더 흔하게는 기이할 정도로 너무 낯익은 어떤 것을 추방하고 싶어 하는 측면을 보여준다.

04

멜랑콜리

너무 일찍 어머니를 잃은 아이

유아가 여전히 아이와 어머니 및 환경 사이에 어떤 분리도 일어나지 않고, 모든 필요가 조금도 연기되지 않고 충족되며, 충만하고 언어가 전혀 필요 없는 심리적 공간, 즉 코라 상태에 놓여 있다고 상상해보자. 필요한 것도 없고, 주체와 대상을 구분할 필요도 없고, 말할 필요도 없다. 그런데 이제 아이가 어머니를 잃었다고 상상해보자. 아이의 어머니는 우연한 사고로 죽었거나 입원했거나 또는 우울증에 빠져 있을지도 모른다. 어머니는 아이가 어머니가 타인이었다는 것을 알기 전에 사라진다. 아이는 자신이 명료하게 표현할 수 없는 상실의 고통을 겪는다. 아이는 나중에 언어와 '어머니'라는 이름을 배우겠지만, 명명할 수 있는 능력을 갖기도 전에 어머니를 상실한다. 아이는 말할 수 있기 전에 고통을 겪는 것이다. 아이는 잘 회복하여 정상적인 어린 시절을 보낼 수도 있다. 그러나 그 다음 사는 동안, 어쩌면 20대가 되어 어떤 트라우마trauma〔정신적 외상〕의 결과로 우울증, 트라우마와 직접 관련된 고통을 능가하는 우울증에 빠지게 될지도 모른다. 아이는 모든 일에 무관심하고 천천히 움직이며, 하루 종일 잠만 자고 거의 말을 하지 않는다.

상실한 대상 또는 사물?

정신분석 이론가들은 자기들끼리 이 여자 아이의 병에 대해, 그리고 병의 분명한 원인을 놓고 최상의 치료법을 논의할 것이다. 그들은 모두 한 가지 사실, 즉 그녀가 애도 중이라는 사실에 동의할 것이다. 프로이트와 후기 정신분석 이론가들은, 우울증 또는 멜랑콜리가 상실한 어떤 것에 대한 애도라는 점에 동의한다.

영국의 선구적인 정신분석가인 멜라니 클라인Melanie Klein(1882~1960)이 개발한 우울증의 일반적 모델에 따르자면, 잃어버린 대상은 실제 사람이 아니라 '내부의 대상internal object'이다. 주체는 이 대상을 향한 사랑과 미움을 함께 느끼는데, 그것 없이는 아무것도 할 수 없기에 사랑을 느끼고, 그것의 상실로 자신이 위태로워지기에 미움을 느끼는 것이다. 주체는 자기 자신을 비난한다. 주체는 내부에 있는 미움의 대상을 죽이는 방법으로 자살을 고려하기도 한다. 정신분석을 받는다면, 이 사람은 자신의 적개심이 향한 진정한 목표를 알게 될 것이다. 자기가 자신의 외부에 있는 어떤 것의 상실을 내재화하고 있다는 것을 말이다. 고전적 이론에서 우울증은 상실한 내적 대상에 대한 애도, 양가감정과 적개심이 특징인 애도이다.

그러나 이러한 진단이 앞서 언급한 이야기 속의 젊은 여성에게도 들어맞을까? 크리스테바가 보기에는 그렇지 않다. 고전적 이론은 우울증이 상징계로 진입하면서 시도하는 정립적 단절 '이후에', 즉 주체와 대상을 구분하고 말하기 시작한 이후에 겪는 상실의 결과로 나타난다고 설명한다. 이 이론은 여전히 '코라' 상태에 있는 동안 최초의 사랑을 잃어버린 사람들의 고통을 설명하지 않는다. 다음 사례들을 보라.

슬픔은, 그 사람이 좌절감을 느끼기 때문에 적대적이라고 생각되는 타인에 대한 숨겨진 공격이 아니라, 상처 입고 불완전하며 텅 빈 원초적 자아의 증거이다. 그러한 상태에 빠진 개인들은 자신들이 침해받았다고 생각하지 않고 어떤 근본적인 결함, 선천적인 결여로 인해 고통받는다고 생각한다. 그들의 슬픔은 양가적 대상에 대해 비밀스럽게 계획한 복수 때문에 느끼는 죄의식이나 죄를 숨기지 않는다. 그들의 슬픔은 오히려 상징화할 수 없고 명명할 수 없는 나르시스적 상처의 가장 원초적인 표현이다. 그것은 너무 때 이른 것이라서 어떤 외적 작인作因(주체나 대상)도 지시 대상으로 사용될 수 없다. 이러한 나르시스적 우울증 환자들에게 슬픔은 사실상 유일한 대상이다. 더 정확하게 말하자면, 그것은 다른 대상이 없기 때문에 그들이 집착하고 길들이고 소중히 여기는 대체물이다. 이러한 경우에 자살은 위장된 전투 행위가 아니라 슬픔과의 합병, 그리고 그 이상으로 무와 죽음의 약속처럼 절대로 도달할 수 없고 언제나 다른 어떤 곳에 있는 불가능한 사랑과의 합병이다.(Kristeva 1989a : 12-13)

크리스테바는 이 장 도입부에서 논의한 종류의 우울증을 '대상적 우울증objectal depression'이라 명명하고, 이 두 번째 종류의 우울증을 '나르시스적 우울증narcissictic depression'이라고 이름 붙인다. 나르시스적 우울증 환자는 내부의 대상에 적개심을 느끼지 않고, 자신이 결점 많고 불완전하며 상처 입었다고 느낀다. 이것은 이해할 수 있는 특징이다. 물론 그 사람은 개인적으로 상처를 입었다고 느낄 것이다. 그 상처가 어머니를 자신에게서 분리할 수 있기 전에 겪은 것인 한, 이 여성이 겪은 상실은 그 자신의 일부를 상실한 것이다. 상처는 그 자신을 언어적으로 표현하고 상징화하고 명명할 수 있는 능력을 분쇄한다. 이것이 크리스테바가 집중적으로 다루고자 한 우울증의 초기 증상들 중 하나이다. 즉, 말하는 것에 대한 관심의 상실, 심지어는 무능이 바로 그것이다.

멜랑콜리는 소통될 수 없는 비탄이다. 멜랑콜리 환자는 자신의 슬픔에 열중한다. 그것은 줄곧 그 사람만의 것이고, 사회적/상징적 영역에서 공유할 수 없는 어떤 것이다. 물론 이것은 분명 질병이다. 여전히 유년 시절에 있는 동안, 프로이트의 용어로 말하자면 일차 과정 중에 발생한 상처인 것이다.

프로이트 이론에서 '일차적primary'이란 용어는 발달 과정의 첫 단계, 무의식적으로 발생하는 것을 가리키고, '이차적secondary'은 오이디푸스 단계 이후에 의식적으로 일어나는 것을 기술할 때 쓰이는 형용사이다. 일차 과정은 2장에서 간략하게 논의한 바 있는 압축과 전치를 포함한다. 압축과 전치는 꿈 이미지들과 상징들이 결합하는 방법이다. 이차 과정은 문법과 논리의 규칙을 따른다.(Rycroft 1968 : 138) 일차 단계, 즉 상징적 형식으로 진입하기 이전의 '코라'에서 발생하는 상실이 있을 때, 그 결과는 나르시스적 우울증으로 나타난다.

크리스테바가 옳다면 나르시스적 우울증은 어머니와 상상적 영역이 아이의 언어 습득에서 담당하는 중요성을 증명한다. 기호적 '코라'에서 겪는 상실은 상징계로 진입하는 것을 방해한다. 아브젝시옹 과정이 궤도에서 이탈하기 때문에, 곧 최초의 사랑이 추방되기 전에 상실되기 때문에, 아이는 결코 적절하게 주체와 대상을 구분하지 못한다. 아이가 정립 단계에 진입하지 않았기 때문에 식별하고 판단하는 능력을 결여하게 되면 아이는 자신이 잃어버린 것을 명명할 수 없다. 그것은 이 아이에게 결코 대상object이 아니라 이름 붙일 수 없는 '것thing'이다. 이것이 우울증의 첫 번째 모델, 즉 대상적 우울증이 우리의 가설적 사례에 적용될 수 없는 이유이다. 이것이 멜랑콜리 환자가

멜랑콜리Melancholia와 우울증Depression 1987년의 저서 『검은 태양Soleil noir(Black Sun)』에서 크리스테바는 나르시스적 우울증depression을 지칭하는 데 이미 폐기된 용어 '멜랑콜리melancholia'를 사용한다. 크리스테바는 이 우울증이 신경증보다는 정신병에 더 가깝다고 여긴다. 그러나 멜랑콜리 환자가 상징계와 결속되어 있는 한, 그/그녀는 정신병자가 아니다. 그리고 대부분의 멜랑콜리 환자들은 그들이 비록 상징계의 사용을 거부한다고 해도 상징계와 결속되어 있다.(Kristeva 1989a : 47을 보라.) 이것은 멜랑콜리 환자가 최상의 정신분석학적 대상이 아님을 의미한다.(이 장 도입부에서 정신병과 신경증의 개념을 어떻게 규정했는지 보라.)

대상적 우울증은 신경증으로 이해될 수 있다. 왜냐하면 크리스테바의 견해를 따르자면 상실이 아이가 젖을 뗀 뒤, 그래서 아마도 주체와 대상의 구분은 물론이고 언어를 배운 이후, 즉 오이디푸스 단계 이후에 발생하기 때문이다. 이러한 우울증은 최상의 정신분석학적 대상이 된다. 아직도 모든 형태의 우울증을 다루는 표준적인 치료법은 항우울성 약물이나 리튬 같은 미네랄을 쓰는 의학적 치료이다. 크리스테바는 문학적 생산이 두 형태의 우울증에 대한 대안적인 '치료'가 될 수 있는지를 묻는다. 왜냐하면 두 형태의 우울증은 말하고자 하는 주체의 의지와 능력을 훼손시키기 때문이다. 크리스테바는 '항우울증제counterdepressant'로서의 의미화 실천에 초점을 맞추기 때문에, 상이한 형태의 우울증 간의 기술적 차이는 별로 고려하지 않는다. 그녀는 '멜랑콜리'와 '우울증'을 거의 교체 가능한 것으로 사용한다.

적개심을 느끼기보다는 오히려 상처 입었다고 느끼는 이유이다.

적개심을 나타낼 대상은 존재하지 않는다. 상실이 있을 따름이다. 크리스테바는 "나르시스적 우울증 환자는 대상Object이 아니라 물자체物自體·Thing(쇼즈Chose)의 상실을 슬퍼한다."고 다소 애매하게 말한다. 이 물자체는 정체를 알 수 없고 불확정적인 어떤 것, '표현되지 않는 빛'과 같은 것이다. '의미작용에 저항하는 실재계로서의 이 '물자체'를 매혹과 혐오의 중심, 욕망의 대상이 거기에서 분리되어 나올 섹슈얼리티의 자리에 놓아두도록 하자.'(Kristeva 1989a : 13)

여기서 크리스테바는 라캉의 실재계 개념을 도입하는데, 그것은 이 책 2장에서 논의한 대로 라캉이 제안한 세 영역, 즉 실재계, 상상계, 상징계 중 하나이다. 실재계는 묘사되는 것이 불가능할 뿐 아니라 명료한 표현에 저항하는, 제거될 수 없는 잔여이다. 그것은 거기에 존재하지만 형언할 수 없다. 나르시스적 우울증 환자는 자신을 압박하는 이러한 실재계, 즉 물자체를 느낀다. '이것에 대해서는 네르발(19세기 프랑스 시인 제라르 드 네르발Gérard de Nerval(1808~1855))이 현존 없는 집요함, 표상 없는 빛을 암시하는 눈부신 은유를 제공한다. 물자체는 환하게 빛나는 동시에 어두운 상상된 태양이다.'(ibid) 크리스테바는 네르발을 직접 인용한다. '종종 훨씬 더 밝은 빛을 지각한다고 해도 꿈속에서는 결코 태양을 볼 수 없다는 것은 잘 알려진 사실이다.'(ibid) 크리스테바는 네르발을 끌어들여 우울증과 멜랑콜리를 다룬 자기 책의 제목을 '검은 태양Soleil noir'이라고 붙인다.

상징계와의 단절

'우울증 환자는 물자체를 박탈당했다는 것을 잘 알면서도, 늘 실망하게 할 뿐인 모험과 사랑을 찾아 방황한다. 또 다르게는 물러나 절망하고 실어증에 걸린 채 명명할 수 없는 물자체와 홀로 대면한다.'(Kristeva 1989a : 13) 나르시스적 우울증 환자는 '명명할 수 없는 최상의 행복, 표현할 수 없는 어떤 것, 어떤 말로도 의미화할 수 없는 어떤 것'(ibid)을 빼앗겼다고 느낀다. 이것이 우울증 환자가 거의 말을 하지 않는 이유이다. 이 사람은 말을 해야 할 아무런 의미도 보지 않는다.

모든 사람이 결국에는 어머니를 상실하기 때문에(우리는 모두 결국 젖을 뗀다.), 대부분은 이미 잃어버린 것을 추격하고자 언어와 말을 사용함으로써 이 잃어버린 욕망의 대상을 보상한다. 욕망이 어떻게 상징계로 진입하는 것을 추동하는지를 이야기하면서 라캉이 주장하는 것처럼 말이다. 그러나 우울증 환자에게는 그러한 욕망의 대상이 전혀 없다. '결과적으로, 그러한 사람에게는 어떤 성애적 대상도 리비도를 유폐하거나 욕망의 유대를 절단하는 장소 또는 전前 대상의 대체 불가능한 지각을 대신할 수 없다.'(ibid) 우울증 환자는 어떤 대상에 대한 관심을 결여하기 때문에 상징적 영역으로 진입하는 것, 즉 말하거나 쓰는 것에 대한 추동력을 결여한다. 그들에게 말은 무의미한 것처럼 보인다. 왜냐하면 이 말이 주체의 정동과 욕망, 요컨대 기호적 '코라'와 연결되지 않기 때문이다. 우울증 환자는 상징적 영역 속에 존재하는 고아와도 같다.

멜랑콜리 환자는 상징적 의미화 실천을 거부하기 때문에, 상징계가 제공하는 자아 통일성이 없는 채로 견뎌낸다. 여기서 우리는 라캉과 크리스테바가 둘 다 이해하는 대로 상징계의 여러 기능 중 하나를 떠올려야 한다. 기호들의 영역은 주체에게 비록 허구적이긴 해도 '나'가 되었다는 감각을 제공한다. 라캉에 따르면, 유아는 거울 속의 이미지를 인식하고 그 이미지가 자기 자신이라고 생각할 때 처음으로 통일성의 감각을 갖는다. 상상계의 유동성과 이종성(여기서 주체는 분리 혹은 통합할 수 없는 정동과 이미지들, 에너지의 이질적인 대열隊列을 경험한다.) 대신에 기호들의 영역은 유아에게 자신이 '나, 즉 다른 개별적 존재들과 분리된 통일성 있고 별개의 존재라는 느낌을 제공한다.

상징계의 주체-대상 분리는 일관성과 독특성, 그리고 자아 통일성을 부여한다. 상징계가 없다면 주체는 퇴행하여 아무것도 분화되지 않은 영역으로 되돌아간다. 그래서 자아는 자신을 이종적인 환경에서 분리해내지 못한다. 초기 상태로 퇴행하는 것과 관련하여, 크리스테바는 이 현상이 프로이트가 죽음 충동death drive(때로 죽음을 뜻하는 그리스어 타나토스thanatos를 사용하기도 한다.)이라고 명명한 것과 유사하다는 점에 주목한다. 크리스테바는 프로이트를 도입하여 죽음 충동이 '심리적 에너지와 각인들을 전달하는 것에 대한 생물학적이고 논리적인 무능력'으로 나타나고, 그럼으로써 '운동과 결속'을 파괴한다고 말한다.(ibid : 17)

상징계에서 퇴행함으로써 주체는 나르시스적 상태로 되돌아간다. 나르시스적 구조는 죽음 충동의 특징들을 공유하는 것처럼 보인다. 둘 다 일종의 붕괴, 주체성의 상실 위협으로 나아간다. 주체는 응집성과 그 자신의 경험들을 통합할 수 있는 능력을 상실하고, 나아가 분열의 위기에 처한다. 크리스테바는 멜라니 클라인을 다음과 같이 인용한다.

> 초기 에고는 주로 응집성을 결여하고 통합을 향한 경향과 파편화, 즉 해체를 향한 경향이 교대로 일어난다. …… 내부에서 파괴되는 존재의 불안은 계속해서 활동한다. 이러한 위협의 압력을 받으며 에고가 조각으로 분해되는 경향을 띠는 것은 응집성의 결여에서 비롯되는 것처럼 보인다. (1980a : 19)

크리스테바는 클라인의 견해를 토대로 멜랑콜리 환자들 역시 이와 같은 결속의 해체, 자아의 파편화 또는 분화를 경험한다고 말한다.

슬픔의 통일성

그러나 멜랑콜리 환자가 단순히 이러한 자아 파괴로 나아가기만 하는 것은 아니다. 이 환자는 슬픔을 방패로 삼아 자신을 보호하려고 한다.

> 죽음 충동Death Drive 1910~20년대에 프로이트는 쾌락과 삶을 향한 본능에 덧붙여, 주체가 죽음에 대한 본능을 갖고 있다고 가정한다. 죽음 충동death drive은 두 부분으로 이루어진다. 하나는 에너지의 순전히 파괴적인 방출로서 외부를 향하고, 다른 하나는 살아 있는 자아의 붕괴, 무생물적 상태와 항상성으로 되돌아가고자 하는 소망으로서 내부를 향한다. 이 중 전자는 타인들을 죽이고 싶어 하는 소망을 포함하고, 후자는 자기 자신을 절멸시키고 싶어 하는 소망을 포함한다. (Kristeva 1989a : 16, Rycroft 1968 : 13) 죽음 충동은 보통 자기 파괴적인 충동을 지시한다.

죽음 충동의 일탈에 뒤이어 나타나는 '우울증적 정동depressive affect'은 분화에 대한 방어로 해석될 수 있다. 실제로 슬픔은 자아의 정동적 응집성을 재구성하고, 정동의 틀 안에서 자기 통일성을 회복한다. 우울증적 기분은 나르시스적 버팀목처럼 구성된다. 그것은 분명 부정적이지만, 그럼에도 불구하고, 비록 비언어적이긴 해도 자아에 통일성을 제공한다. 그 때문에 우울증적 정동은 상징적 무효화와 중단(우울증 환자의 "그것은 의미가 없어.")을 보상하는 동시에, 우울증 환자가 자살 행위로 나아가는 것을 막아 준다. 그러나 이 보호는 깨지기 쉬운 것이다. 상징계의 의미를 파괴하는 우울증적 부정은 또한 행위의 의미를 파괴하고, 주체로 하여금 마치 초기의 비통합 상태와 재결합이라도 하듯 해체의 비통함 없이 자살하도록 한다. 그러나 그것은 매우 기쁘고 '대양적大洋的'인 만큼이나 치명적이다.(Kr-isteva 1989a : 19)

슬픔은 우울증 환자에게 통일성을 부여하지만, 이미 나르시스적 구조 안에서 활동하는 죽음 충동에 맞서 이 사람을 보호할 수 있을 만큼 충분하지는 않다. 기호들의 영역을 거부하는 한 우울증 환자는 또한 자신의 목에 두르고 있는 기호, 자기 슬픔의 정동을 거부한다. 어떤 기호도 이 사람에게 의미를 갖지 못하고, 그래서 그는 죽음 충동에서 자신을 방어하지 못한다.

크리스테바는 슬픔을 "우울증의 근본적인 기분"이라고 명명한다. (ibid : 21) 그것은 일종의 기호이거나 표상이다. 언어적인 기호가 아니라, 자신의 전체 행동으로 각인된 기호. 비통, 공포, 기쁨을 포함하여 모든 기분이나 정동들의 경우와 마찬가지로, 슬픔은 관찰자에게 어떤 종류의 에너지 대체, 자극, 갈등이나 전이 등이 주체 내부에서 일어났다는 신호를 보내는 것이다. 기분은 "일반화된 전이'로서, '전체' 행동과 모든 기호 체계를(운동 기능에서 발화 생산과 이상화에 이르기까지) 그것들에 동화되거나 그것들을 해체하지 않으면서 표시한다.'(ibid) 누군가의 전체적인 정동은 기분을 나타내고, 기분은 그 자체가 주체 내부에서 활동하는 기호학적 과정을 보여준다.

정동과 밀접한 관련이 있는 표상들, 특히 슬픔은 '동요하는' 에너지 집중이라고 말해두자. 그것은 언어 기호나 다른 기호들과 결합하기에는 충분히 안정되어 있지 않고, 전치와 압축의 일차 과정의 영향을 받지만, 그래도 에고의 작인에 종속되어서 에고의 중재를 통해 슈퍼에고의 위협, 명령, 금지 등을 기록한다. 그래서 기분은 '각인'이고 에너지 파열이지, 단순히 원래대로의 에너지는 아니다. 그것은 우리를 의미생산 양식으로 이끄는데, 의미생산 양식은 생체 에너지의 안정성 문턱에서 상상계와 상징계의 전제 조건을 보장한다.(또는 상상계와 상징계의 해체를 표명한다.)(ibid : 22)

기분은 의미생산의 원초적 형태이다. 그것은 2장에서 논의한 대로 상징적인 배치뿐만 아니라 기호적 배치를 통해 수행되는 작업으로서, 상징적인 것 단독으로만 생산될 수 없는 의미생산이다. 우리는 다양한 기분으로 우리의 외상trauma에 반응한다. '동물성과 상징 구성 사이의 경계에서 기분, 특히 슬픔은 우리의 외상에 대한 최종적인 반응으로서, 기본적인 항상성 유지 수단이다.'(ibid) 어떤 사람들은 항상 비탄에 빠져 있을 만큼 자신의 허약함을 보여준다. 또 다른 사람들은 "기분의 변화, 슬픔의 다양함, 비탄이나 애도의 정교함" 등에서 창조성과 꿋꿋함을 보여준다. 이 창조적인 우울증 환자들은 '정동, 곧 분리의 표지이자 상징 차원의 시초로서의 슬픔을 증언하는 신체와 기호들의 모험'(ibid)에 참여하는 사람들이다. 이들은 소설가, 시인, 화가로서, 멜랑콜리의 검은 태양에 의해 창조하는 데로 이끌린다.

기호 영역으로 나간다는 것

그렇다면 멜랑콜리 환자는 그 사람이 아무리 창조적이라고 해도 왜 기호들의 모험에 참여하게 될까? 크리스테바에 따르면, 멜랑콜리 환자가 된다는 것은 기호들의 영역을 '거부'한다는 의미인데 말이다. 멜랑콜리 환자, 곧 나르시스적 우울증 환자는 지나치게 자신의 슬픔에 싸여 있어서 기호들을 사용하는 데 아무런 의미도 발견하지 못하는 것이 아닌가? 멜랑콜리의 문제는 상실한 물자체를 기호들로 대체하는 것에 대한 무의지가 아닌가?

크리스테바는 우울증적 예술가들이 어떻게 기호들의 영역에 도달하는지를 설명해야 했다. 그리고 여기서 프로이트 이론의 도움을 받는다. 크리스테바에 따르면, 어떤 사람은 "개인의 원초적 아버지"〔인류 문명의 기원에 관한 프로이트의 가설에서 제기된 원시사회 최초의 아버지로서, 모든 권력과 여성을 독점하여 아들들에게 살해된다. 이 아버지 살해의 결과가 아버지의 이상화와 근친상간의 금기이다. 그리고 이것은 개체 발생 과정, 즉 남아의 오이디푸스 단계에서 반복된다.〕와의 "일차적 동일시"를 통해 물자체의 상실을 받아들일 수 있게 된다. 존 레흐트는 이를 다음과 같이 설명한다.

> 개인의 원초적 아버지는 언어 속 주체의 출현을 수반하는 대상의 형성에 우선하여 나타난다. 그래서 그것은 어떤 이상에 대해서도 선행하는 것이긴 해도 모든 이상화, 특히 사랑의 '토대'이다. 크리스테바가 상상적 아버지라고 명명한 바 있는 이 원초적 아버지는 성공적인 나르시스적 구조의 토대로서, 상실을 상징화하고 욕망을 구성할 수 있도록 한다. (1990 : 30)

이 책 2장에서 나르시시즘의 개념을 규정하며 살펴본 설명을 떠올려보라. 크리스테바의 관점에서 나르시스적 구조는 아이가 그 자신과는 다른 것을 합병하고 흉내 낼 수 있도록 하고, 그럼으로써 유아가 의미화 질서 속의 주체가 되는 것을 가능하게 한다. 상상적 영역에서 아이가 어머니를 상실하거나 "부정하기" 시작하는 동안, 아이는 또한 어떤 것과 다른 것의 동일화 논리의 환영幻影이라 할 수 있는 상상적 아버지와 합병하거나 동일시하기 시작한다. 구조가 성공적으로 작동하면 아이는 자신과 어머니를 성공적으로 분리하고, 동시에 자기가 잃어버린 것을 명명할 수 있는 말을 사용할 수 있게 된다. 그것은 그 아이로 하여금 어머니가 필요할 때 큰 소리로 어머니를 부를 수 있게 할 것이다. 이 과정이 성공적으로 이루어지지 않으면, 아이는 상실과 동일화의 중간 단계에 사로잡히게 된다. "오비디우스가 쓴 샘물 앞의 나르키소스"는 레흐트와 크리스테바가 기술하는 "나르시스적 심리 구조의 적절한 사례가 되지 못한다." "왜냐하면 샘물 앞의 젊은

이는" 자기 외부에 있는 대상을 욕망하고, 그리하여 자신의 주체성을 확고히 할 수 있기 전에 "응고되어버리기 때문이다.""나르키소스의 죽음은 상실의 의미를 형태화하는 데 실패한 탓에 심리적 공간을 형성하는 데에도 실패한 것을 가리키는 기호이다."(ibid)

따라서 우리는 멜랑콜리 환자가 자신의 슬픔에 맞서 승리하려면 무엇을 해야 하는지를 더욱 분명하게 알 수 있다. 그는 정체불명의 물자체와의 분리를 완수하고 동일화 논리의 이미지, 즉 상상적 아버지와 동일시할 필요가 있다. '일차적 동일시는 물자체에 대한 보상을 개시하는 동시에 주체를 또 다른 차원, 즉 상상적 집착이라는 차원에 고정시키는데, 이것은 우울증 환자에게서 해체되는 것이 바로 믿음에 기초한 결속 관계임을 상기시킨다."(Kristeva 1989a : 13-14) 동일화 논리의 이 이미지와 동일시하는 것은 주체에게 하나의 사물이 또 다른 사물을 대신하는 것이 가능하다는 믿음, 따라서 '어머니'라는 청각영상이 어느 정도 그 기의로서 '어머니'의 의미와 연결될 수 있다는 믿음을 제공한다. 그것은 주체에게 기호들의 영역에서 편안해질 것이라고 믿을 수 있는 근거를 제공한다.

네르발, 상속받지 못한 시인

앞서 언급했듯이, 크리스테바는 『검은 태양』의 한 장을 시인 제라르 드 네르발(제라르 라브뤼니Labrunie의 필명)에게 할당한다. 그의 시 「상속받지 못한 자El Desdichado」에는 '검은 태양', 특히 '멜랑콜리의 검은 태양'이란 구절이 담겨 있다. 그는 확실히 멜랑콜리 환자의 묘사에

딱 들어맞는다.

　네르발은 1808년에 태어났다. 그의 아버지는 의사 공부를 막 끝냈고, 어머니는 육체적으로 허약한 상태였다. 그래서 갓 태어난 그는 모르트퐁텐 근처의 한 마을로 보내져 다른 가족의 집에서 자란다.(이 전기적 정보는 대부분 '게일 그룹 데이터베이스' 문학 전기 사전에서 인용하였다.) 그런데 6개월도 안 되어 네르발의 어머니가 유행성 독감으로 죽는다. 나중에 네르발은 어머니에 대해 전혀 아는 바가 없었지만, 어머니 얘기를 자주 하고 생전 모습을 상상하는 등 생애 전반에 걸쳐서 어머니에게 매혹되었다. 아들이 성장할 때 나폴레옹 군대의 군의관으로 복무한 아버지는 나중에 아들과 같이 살았으나, 부자 사이가 그리 좋지 않았다. 19세기 중반 독창적인 시인으로 성장한 이 소년은 결코 특별나게 훌륭한 학생은 아니었지만, 열여섯 살이 되면서 시를 습작하기 시작하였다. 곧 그는 글을 쓰고 여행하는 데 모든 시간을 바치고, 상당한 규모의 유산으로 문학잡지를 간행하는 데 도움을 주었다. 그 사이 아주 잠깐 동안 외교관으로 일하기도 했다. 1832년에 네르발은 여배우 제니 콜롱Jenny Colon에게 매료되는데, 다른 여성들한테도 그랬듯 그저 멀리서 숭배한 것 같다.

　네르발의 인생에서 중요한 전환점은 1841년 2월에 있었는데, 그때 그는 첫 번째 정신착란을 일으킨다. 네르발을 연구한 피터 에드워즈Peter Edwards는 다음과 같이 말한다.

　그는 라틴 거리의 픽투스 가에 있는 한 요양소로 보내져 한 달간 그곳에서 머문다. 이 납골당에 있는 동안 그가 쓴 편지의 일부는 상당히 망상적이고, 편지를 읽어보면 시인의 마음속에서 일어난 아주 개인적이고 강렬한 종합synthesis의 과정을 엿볼 수 있다. 사람, 장소, 그리고 문학적 기억들이 전부 지시적 혼동의 미궁 속으로 합류한다.(Edwards 1999)

이 요양소에서 나온 지 닷새째 되는 날, 네르발은 또 다른 곳으로 가서 그해 11월까지 그곳에 머문다. 이 수용소에 머무는 기간에 어려운 시 형식인 소네트를 차용한 듯하다. 그는 생애의 남은 기간 동안 한두 편의 시를 제외하고는 오로지 소네트를 사용한다. 피터 에드워즈는 네르발이 이 시기에 쓴 여섯 편의 소네트를 두고 다음과 같이 논평한다.

 (그것들은) 마치 독자에게 최면술적인 힘이라도 발휘하듯, 조리 있는 해석을 거부하는 것 같은 매혹적인 텍스트들이다. 네르발은 경탄할 만한 형식적 순수성을 지닌 이 소네트들을 그리스와 이집트 신화, 유대교의 역사와 신화, 기독교의 역사와 신학, 현대 프랑스와 동양의 역사, 개인사, 그리고 여러 문학 텍스트들에 대한 관련 사항 등의 인유로 만들어낸다. 한 번도 출판된 적이 없긴 해도 이 소네트들은 네르발에게 매우 중요하다.(생애 마지막 해에 씌어진 위대한 시들 속에 수정된 형식으로 발견된다.)(1999)

이후 12년 동안 네르발은 연극, 여행기, 소네트, 희극 오페라, 소설, 독일 시 번역, 역사 에세이 등 다방면에 걸쳐 글을 쓰고 출판한다. 그가 이 시기에 두 차례 이상의 정신적 위기를 겪었을 것이라는 일부 증거가 있다. 그리고 1853년 2월, 결국 회복되지 못한 더 심각한 정신착란을 겪는다. 생애의 마지막 2년, 찬란하고 열광적인 작업을 하던 이 짧은 기간은 더 심한 정신병 발작으로 잠식된다. 1855년 1월 14일 밤, 네르발은 파리의 한 골목에서 스스로 목을 매어 죽는다.

아주 이른 시기에 겪은 어머니의 상실에서부터 자살에 이르기까지 네르발은 분명 우울증 환자의 표지를 지닌다. 그러나 또한 분명하게도 그는 기호들의 영역에 도달해서 자신의 기분을 상징적 영역에서 작업하는 데 불어넣는다. 크리스테바는 네르발의 후기 작품 중 하나인 소네트 「상속받지 못한 자」를 면밀하게 읽으며 네르발의 사례를 분석한다.

상속받지 못한 자 El Desdichado

1 나는 침울한 사람, −홀아비−, 위로받지 못한 자,
2 무너진 탑에 갇힌 아키텐의 왕자.
3 나의 유일한 별은 죽었다, −그리고 별이 박힌 내 류트
4 멜랑콜리의 검은 태양이 새겨져 있다.

5 무덤의 어두운 밤에, 나를 위로해 주었던 너,
6 되돌려다오, 포지리프 야산과 이탈리아 바다를,
7 상심한 내 마음을 그토록 기쁘게 해주던 그 꽃을,
8 포도나무가 장미와 뒤엉키는 정원을.

9 나는 에로스인가 페뷔스인가? …… 뤼지냥인가 비롱인가?

10   내 이마는 아직도 여왕의 키스로 붉게 물들었다.
11   언어가 헤엄치는 동굴 속에서 나는 꿈을 꾸었지……

12   나는 두 번이나 아케론의 강을 승리자로 건넜다.
13   오르페우스의 칠현금을 켜서 변조하여
14   성인의 탄식과 요정의 외침을.

(1973년, 작가 자신의 번역으로 『시메르*Les chimères*』로 출판됨)

크리스테바는 이 시 「상속받지 못한 자」를 기호 영역에 도달하여 애도 중인 물자체에 이름을 붙이려는 멜랑콜리 환자의 시도로 읽는다. 이 시를 읽으면서 크리스테바는 세 가지 작업을 수행하는데, 첫째는 상속받지 못한 자, 화자, 그리고 실제로는 시인 자신이 멜랑콜리 환자라는 것을 분명하게 밝히는 것이다. 화자가 멜랑콜리 환자 또는 나르시스적 우울증 환자의 특성과 일치한다는 것을 보여주려고 크리스테바는 시의 제목에 초점을 맞춘다. 화자는 무엇을 상속받지 못한 것인가? 3행에서 그의 '유일한 별'은 죽었다고 말하는데, 그렇다면 사라져버린 이것이 과연 무엇인가?라고 크리스테바는 묻는다. 그녀는 그것이 대상이 아니라 물자체라고 답한다. 그는 무엇과 작별한 것인가? 여기서 우리는 빛나는 동시에 어두운 은유를 얻는다. 크리스테바는 이렇게 기술한다.

'죽은 별'이 '류트'와 결합한 결과로 '멜랑콜리'의 '검은 태양'이 나타난다. '검은 태양'의 은유는 그것의 연금술적 범위를 넘어서서 침울한 기분의 맹목적인 힘을 집약하여 보여준다. 즉, 몹시 괴롭고 투명한 정동이 죽음의 불가피성을 주장하는데, 여기서 죽음은 사랑하는 사람과, 그 사람과 동일시하는 자아의 죽음을 가리킨다.(시인은 '별'을 잃은 '홀아비'이다.)(1989a : 151)

크리스테바는 네르발의 은유에서 시인이 매우 내성적인 사람, 달리 말해 태양을 이런 방식으로 명명하려 한다는 점에서 '결정적인 경험의 문턱'에 서 있는 사람이라고 본다. 시인은 고전적으로 "나타남과 사라짐, 소멸과 노래, 무의미와 기호들 사이의 경계선"에 놓인 경계성 환자이다. 그의 시는 '상징화 무능asymbolism에 대한 영혼의 투쟁'이다.(ibid) 크리스테바는 확실히 네르발을 단순한 대상적 우울증이 아니라 나르시스적 우울증, 즉 멜랑콜리로 고통받는 사람으로 범주화한다.

다음으로, 크리스테바는 멜랑콜리한 시인이 어떻게 기호 영역에 도달함으로써 자신의 슬픔을 억제하는지를 보여준다. 그러나 그는 '정상적인' 작가가 기술하는 방식으로는, 요컨대 상징적으로는 기술하지 않을 것이다. 그는 정상적인 서사 형식으로는 거의 기술하지 않는다. "통사론적 확실성을 넘어서 시간과 공간을 설정하고 모험과 갈등에 대한 실존적 판단의 지배력을 드러내 보이는 서사적 연속성은 전혀 네르발이 좋아하는 영역이 아니다."라고 크리스테바는 말한다. '어떤 서사물일지라도 그것은 오이디푸스 단계의 완성을 통해 안정된 정체성이 있고, 물자체의 상실을 수용함으로써 욕망의 '대상'에 대한 좌절과 정복으로 이루어지는 자신의 모험들을 연결시킬 수 있다는 것을 가정한다.'(ibid : 161) 이런 종류의 이야기하기는 너무 부차적이고 도식적이며 피상적이라서 네르발의 검은 태양을 표현하기 어렵다.

그 잃어버린 물자체의 흔적들이 시인을 휩쓸어버릴 것인가, 아니면 그가 그 흔적들을 쓸어버릴 것인가? 시인의 임무는 자신에게 명명할 수 있는 재능이 없을 때, 물자체가 명명되지 못할 때 그 물자체를 명명할 수 있는 길을 찾는 데 있다. 그는 아무튼 이 잃어버린 수수께끼를 욕망의 대상으로 바꾸고, 상상계에서 상징계로 옮겨가야만 한다. 나르시스적 우울증 환자가 피신하는 상상적 영역에는 자아와 타자의 분리도, 그리하여 성적 욕망의 대상도 전혀 존재하지 않는다. 또 다른 사람에 대한 성적 욕망은 주체가 그 자신을 구별하고 명명할 수 있는 말들을 사용하기 시작한 이후에 발생한다. 자기 어머니에 대해 전혀 알지 못하고, 멀리서 흠모한 여성들에게 한 번도 접근한 적이 없는 시인은 성적 욕망을 갖지 못했다.

10행과 11행에 나타나는 여성들은 지배하는 여왕에서 매력적인 요정으로, 강력하고 위협적인 여성에서 모성적이고 상상적인 피난처로 이동해 가는 화자를 보여준다. "그래서 우리는 성적 욕망, 그것의 양가성에 대한 단순하고 미약한 환영만을 발견할 따름"이라고 크리스테바는 말한다. '성애적 관계는 사실상 섹슈얼리티와, 그것을 지시하는 담론을 모두 파괴적인 것으로 경험하는 주체의 갈등을 정점에 이르게 한다. 우리는 멜랑콜리 환자의 도피가 왜 에로티시즘의 위험에 직면하여 일어난 일시적 기억상실 상태인지를 이해한다.'(ibid : 158) 그렇게 도피함으로써, 즉 '타자를 향한 길을 차단함으로써' 주체는

'상속받지 못한 자' 네르발

크리스테바는 『검은 태양』에서 19세기 프랑스 시인 제라르 드 네르발과 멜랑콜리의 관계를 분석한다. 책 제목인 '검은 태양'은 네르발의 시구인 '멜랑콜리의 검은 태양'에서 가져온 것이다. 크리스테바에 따르면, 어린 시절에 어머니를 잃고 결국 자살로 생을 마감한 네르발은 분명 우울증 환자의 표지를 지닌다. 시인은 고전적으로 "나타남과 사라짐, 소멸과 노래, 무의미와 기호들 사이의 경계선"에 놓인 경계성 환자이다. 크리스테바는 멜랑콜리한 시인이 어떻게 기호 영역에 도달함으로써 자신의 슬픔을 억제하는지를 보여준다.

'자신의 운명을 물자체의 무덤에 갇혀 있도록 하는' 것인지도 모른다.(ibid : 159)

그러나 네르발은 거기에 없다. 그가 비록 정상적인 서사를 사용하는 데 재능이나 욕망을 결여했다고는 해도, 그는 시인의 위대한 수사법, 즉 은유를 마음대로 사용한다. 하나의 용어를 다른 용어로 대체하는 것, 원래의 것과는 결코 동일하지 않은 것인 은유는 시인에게 잠재적으로 파괴적인 에너지를 승화시킬 수 있는 길을 제공한다. (정신분석 이론에서 승화는 본능, 에너지, 욕망 등이 방출되거나 다른 형태, 더 일반적으로는 사회적으로 수용 가능한 형태들로 변형되는 과정이다.)

멜랑콜리한 시인은 자기 슬픔을 소네트로 바꿀 수 있다.

기교(승화)의 오르페우스적 세계로 도약함으로써 음울한 시인은 외상적 경험과 애도의 대상에서 벗어나 오직 침울하거나 격정적인 음조만을 기억한다. 그렇게 해서 그는 언어의 구성 요소들을 통해 잃어버린 물자체에 더 바짝 다가간다. 그의 담론은 그것과 동일화되고, 그것을 흡수하고 수정하고 변형한다. 그는 멜랑콜리의 지옥에서 에우리디케〔오르페우스의 아내로, 그녀가 독사에 물려 죽자 오르페우스가 명계로 내려가 뛰어난 하프 연주로 아내를 데려가도 좋다는 허락을 받아낸다.〕를 구출하여 그의 텍스트/노래 속에서 그녀에게 새로운 삶을 제공한다.(ibid : 160)

네르발은 성공적으로 기호 영역에 도달하는가? 크리스테바는 네르발의 시 전체에 걸쳐 지시 대상이 제거되고 변형되고 다의적이고 불확정적인 시적 조직 속에 삽입되어 있음을 지적한다. 그의 언어는 종종 지시되는 대상의 기호라기보다는 오히려 잃어버린 물자체를 가리키는 제스처로 더 많이 작용한다. 시 속의 다른 기호들과 마찬가지로 별은 기의가 없는 기호, 지시 대상을 갖지 않는 기호이다. 시 속의 많은 다른 명사들도 마찬가지이다. 그것들은 종종 어떤 대상의 지시라기보다는 연쇄로서 더 많이 작용한다.

독자가 페뷔스, 뤼지냥 또는 비롱이 누구인지 알고 모르고는 별로 문제되지 않는다. 이 이름들의 배치는 시인 자신의 상징적 가족을 창조한다. 크리스테바에 따르면, '그들의 이름들을 넋두리하듯 환각적으로 늘어놓는다는 것은 그 이름들이 단지 파열되고 통합 불가능한 기호들, 잃어버린 물자체의 가치만 지닐 뿐이라고 가정할 수 있게 한다.'(ibid : 157)

시인이 이 시의 첫 번째 판본을 출판한 그해에 자살했다는 사실을 고려하면, 우리는 네르발이 성공했는가란 질문에 대한 최종적인 답을 이미 알고 있다. 그러나 크리스테바는 그의 글쓰기가 그에게 일시적인 구원을 제공했다고 생각한다. "그리하여 멜랑콜리에 대한 승리는 독립적인 상징적 대상, 즉 소네트를 구성하는 데서와 마찬가지로 상징적 가족(선조, 신화적 인물, 비교적秘敎的 공동체)을 형성하는 데서도 존재한다고 할 수 있다."고 크리스테바는 말한다. '작가에게서 기인하는 구성물은 슬픔으로 가득한 어둠을 '성인의 탄식과 요정의 외침'을 흡수하는 서정적 노래로 변형시키는 것과 똑같은 방식으로 잃어버린 이상의 대체물이 된다.'(ibid : 162)

네르발이 우울증을 극복하는 데 성공했다면 그것은 오직 일시적인 것이었을 뿐이다. 그는 결국에는 자살했다. 그러나 우리 중 어느 누가 자신의 주체성을 지탱하는 데 완벽하게 성공했다고 확신할 수 있겠는가? 크리스테바의 작업은 그렇지 않다고 암시한다. '우리 가운데 가장 건전한 사람들조차 확고한 정체성이 하나의 허구에 지나지 않음을 안다.'(ibid : 257) 우리가 모두 과정/시도 중에 있는 주체인 한, 문학적 창조는 죽음을 향한 욕망을 예술로 승화시키는 것으로서, 삶을 강화하는 모험적 시도이다.

멜랑콜리와 문학

멜랑콜리와 우울증은 말하는 존재가 기호 영역을 상실하거나 회피하게 되는 상태이다. 우울증 환자는 대상과 기호들의 영역보다는 오히려 이미지들의 나르시스적 영역과 잃어버린 물자체를 회복함으로써 이중의 도전을 한다. 그가 욕망했을지도 모르는 대상의 상실 과정을 완수하는 것, 그래서 대체와 동일시의 과정을 시작하는 것이 바로 그것이다. 문학적 창조는 멜랑콜리 환자가 나아갈 길, 그/그녀의 슬픔과 비애를 상징적 대상으로 바꾸고, 다른 말하는 존재들의 공동체에 참가할 수 있는 길을 제공한다.

05

여성적 윤리학

Julia Kristeva

여성주의가 나아가야 할 '제3의 길'

영어권 국가에서 일반적으로 손꼽는 세 명의 주요 '프랑스 여성주의자'는 엘렌 식수Hélène Cixous, 뤼스 이리가레이Luce Irigaray, 줄리아 크리스테바이다. 그런데 이 중 크리스테바는 놀랍게도 여성주의feminism에 대해 거의 언급한 적이 없다. 때로 말을 해야 하는 경우에도 일부 여성주의에 대해서 "권력 지향적인 이데올로기의 최후"(Kristeva 1982 : 208)라고 일컫는 등 상당히 경멸적인 태도를 취한다. 켈리 올리버는 이 불일치를 다음과 같이 설명한다.

> 여성주의를 이야기할 때 미국 이론가·실천가들은 하나의 단일한 요소로 쉽게 환원될 수 없는 여러 견해와 전략들의 광범위한 복합체를 지시한다. 그러나 프랑스 이론가·실천가들은 프랑스에서 있었던 특정한 정치적 운동을 지시한다. 그래서 '프랑스 여성주의자들'이 여성주의자와 동일시되는 것을 거부할 때, 이것은 그들이 미국(영국을 추가할 수 있다.)의 맥락에서 여성주의의 어떤 목표 및 전략과 동일시되지 않는다는 것을 의미하지 않는다. 그들이 거부하는 것은 권력을 획득하는 압제적인 부르주아 논리와 전략에 몰두하고, 단지 그것을 반복하는 프랑스의 특정 운동이다.(Oliver 1993 : 164)

그래서 크리스테바가 어떤 여성주의 운동과 불편한 관계임을 보인다 해도, 이것을 일반적인 여성주의의 목표에 대한 혐오의 기호로 해석할 필요는 없다. 여성주의에 대한 크리스테바의 저술을 주의 깊게 살펴보면, 그녀가 비록 여성주의적 사고와 착잡한 관계를 갖는다 해도 그녀는 여성의 상황을 개선하는 데 관심이 있음을 알 수 있다.

크리스테바는 여성을 사회적이고 상징적인 사고의 주류에서 주변화시키는 전통적인 성 차별주의적 사고의 구속복을 여성에게서 제거할 수 있는 길을 찾고 싶을 것이다. 그러나 동시에 여성이 남자와 "똑같이"질 수 있다고 말하고 싶은 유혹을 피하려 할 것이다. 이 장에서 논의하겠지만 크리스테바는 여성주의가 나아가야 할 '제3의 길', 말하자면 여성이 아이를 갖고, '그리고' 문화를 창조하고, 몸과 마음의 주인이 되는 데 자유로움을 느낄 수 있는 그러한 길을 찾고 있다. 그녀는 문화와 자연이라는 두 극단을 대립적이고 상호 배타적인 관계로 보려는 어떤 유혹에도 저항한다. 그녀의 사유 속에서 독자는 우리가 사는 생물학적이고 문화적인 세계를 화해시킬 수 있는 방법을 찾을 수 있다.

그 과정에서 크리스테바는 새로운 윤리학 개념을 개발한다. 전통적으로 도덕철학 내부의 견해 차이는 있어도, 서구의 윤리학적 사유는 윤리적 행위자가 개인들 각자라고 생각하는 데 거의 이의가 없었다. 이처럼 자아와 타자가 분명하게 구별될 수 있다는 지배적인 관념에 크리스테바는 반기를 든다. 여기에는 그녀 자신의 임신과 모성 경험뿐 아니라, 프로이트와 라캉도 한몫한다. 크리스테바는 임신 경험을 통해 전적으로 타자가 아니지만 전적으로 자기 자신도 아닌 '타자other'와의 관계를 발견한다. 예비 엄마가 이 완전히 타자가 아닌 존재에게 느끼는 사랑은 크리스테바에게 윤리적 관계의 새로운 모델을 제공했다.

이 장과 다음 장에서는 여성주의와 모성성에 대한 크리스테바의 견해와, 모성 관계에 대한 그녀의 견해에서 유래한 윤리학을 개관하고 평가할 것이다.

크리스테바의 비평가들

영국과 미국에서의 여성주의 이론은 상당한 정도로 여성을 주변화하거나 억압하는 정치적·문화적·사회논리적인 실천과 제도들에 초점을 맞춰왔다. 반면 프랑스의 여성주의 철학자들은 다른 접근법을 취하는데, 그들은 성 차별주의적 제도와 실천들의 토대를 이루는 '형이상학적' 가정들에 초점을 맞춘다.

철학의 한 분야로서 형이상학은 물리적 현상 이상의 또는 그 너머의 실재, 즉 세계에 대한 과학적이거나 사실적인 문제들을 넘어서는 실재를 연구한다. 많은 여성주의자들이 여성을 속박하는 경험적 사실들에 주의를 기울이는 반면, 크리스테바 등은 더 근원적인 문제에 주의를 기울인다. 이 문제들 중 하나가 바로 '성차sexual difference' 문제이다.

크리스테바를 포함한 많은 프랑스 여성주의자들은 성의 차이에 따른 어떤 근본적인 차이가 존재한다는 가정을 진지하게 받아들인다. 그 차이는 생물학적이거나 심리학적으로 확인될 수 있는 차이가 아니라. 남성과 여성이 그처럼 구성되는 방법에서 드러나는 차이, 예컨대 동일성과 차이에 대한 그 자체의 고유한 논리 구조를 가진 상징적 영역이 여성을 남성과 구분하거나 단순히 남성 아닌 것으로 배치한다는 점에서의 차이를 말한다. 그와 같은 여성이 존재하는가? 또는 여성은 상징적 영역 속에서 단지 기호들의 작용이기만 한 것인가? 이것이 크리스테바가 여성주의 이론을 다룰 때 제기하는 질문이다. 이것은 또한 영미의 많은 여성주의자들을 신경질적으로 만드는 바로 그런 종류의 질문이다. '여성'의 '본질essence'이 있는가 없는가의 탐구는, 여성을 남성보다 열등한 존재로 보는 전통적인 성 차별주의적 범주화의 이미지들을 떠올리게 한다.

따라서 줄리아 크리스테바의 철학에 대해 다른 여성주의 비평가들이 제기하는 익숙한 비판은 크리스테바의 철학이 본질주의적이라는 것이다. '본질주의essentialism'라는 용어는 서로 다른 여러 방식으로, 보통은 비난의 방식으로 사용되었다. 여기서 본질주의는 (1) 거짓 일반화 생산의 실천으로서, (2) 심리학적 특성에 대한 생물학적 설명을 제공하는 것으로, (3) 어떤 종류의 사물이 '되는' 것에 대한 본질적인 설명을 제공하는 것으로 비난받는다.

여성주의자들은 종종 첫 번째 유의 본질주의를 비난하지만, '프랑스 여성주의자들'은 두 번째와 세 번째 이유로 비난받는 것처럼 보인다. 1980~90년대에 걸쳐 영어권에서 선도적인 여성주의 비평가들, 예를 들어 낸시 프래저Nancy Fraser, 주디스 버틀러Judith Butler, 엘리자베스 그로스Elizabeth Grosz와 토릴 모이 같은 비평가들이 이런 이유로 크리스테바를 비난했다. 그들은 크리스테바의 '코라', 모성, 기호계 개념을 쟁점에 붙이며, 크리스테바가 그러한 개념들을 사용하여 여성의 어떤 본질을 사실로 가정한다고 주장한다.

비평가들은 '코라' 개념을 모성적 저장소와 연결시키고, 모성적 저장소를 의미작용의 기호적 국면 및 여성과 연결시킨다. 그들은 크리스테바가 "의무적인 모성성"을 가정하고 "무자비한 상징적 구조"와 대면하여 평정을 취한다고 주장한다. 많은 여성주의자들은 크리스테바의 철학에서 여성이 모성과 필연적으로 연결되고, 그녀가 남성 중심의 상징적 질서를 변화시키는 데 무력하다는 점을 비판한다.

여성주의 철학자 티나 챈터Tina Chanter는, 크리스테바가 '비역사적이고 생물학적으로 환원적이며, …… 보편주의적이다. 그녀가 본질주의를 가장하여 지은 죄의 목록은 참으로 많다.'고 기록한다.(Chanter 1993 : 182) 비난은 두 가지 점에 집중된다. 하나는 크리스테바가 정신분석학적 모델 안에서 작업한다는 것으로, 많은 비평가들은 그것이 정신분석 이론이 승인하는 성역할을 수용하는 명백한 증거라고 본다. 따라서 여성 철학자 크리스 위돈Chris Weedon은 '프로이트주의와 라캉주의 모델을 취한다는 것은 함축적으로 그들의 보편주의적이고 가부장적인 함축과, 주체성이 섹슈얼리티로 환원되는 프로이트주의적 심리-성 발달의 원리를 수용한다.'는 이유로 크리스테바를 비판한다.(Chanter 1993 : 192, 주석 7번)

이러한 비난은 세 가지 미심쩍은 전제를 가정한다. (1) 정신분석 이론을 사용한다는 것은 그것을 전부 받아들인다는 것이다. (2) 정신분석 이론은 필연적으로 문화적으로 특수한 성역할보다는 보편적인 성역할을 신뢰한다. (3) 그것은 오직 성적이거나 생물학적 영향만을 인정한다.

크리스테바에게 쏟아진 또 다른 비난은, 크리스테바의 언어 이론에서 의사소통의 기호적(시적이고 파괴적이며 잠재적으로 혁명적인) 국면이 어머니의 몸을 끌어들이거나 또는 그것과 동일시된다는 점, 그리고 이 기호적 국면이 아버지의 법과 조금도 다르지 않은 의사소통의 상징적(논리적이고 규범적인) 국면과 대면하여 궁극적으로 무력하다는 점을 겨냥한다. 영국의 문학비평가 재클린 로즈Jacqueline Rose는 다음과 같이 기술한다.

크리스테바는 그녀가 심리-성적 삶의 자기만족적 정체성을 드러내는 방식 때문에 여성주의에 매력적이었다. 그러나 상징적 형식들의 속박에서 벗어난 여성의 이미지를 직접 대면하는 순간, 우리는 그녀의 작업에서 가장 문제적인 국면 중 하나인 기호계의 우월성과 본질주의에 곧바로 빠져들게 된다.(Oliver 1993a : 53, 재인용)

미국 철학자 낸시 프래저의 비판은 좀 더 직설적이다.

여성 중심주의에 대한 (크리스테바의) 분명한 비판에도 불구하고, 그녀의 사유에서는 얼마간 함축적으로 여성 중심주의의 기미가 엿보인다. 나는 크리스테바가 여성의 여성성을 모성성과 유사-생물학적이고 본질주의적으로 동일시한다고 말하는 것이다. 그녀에게 모성성은 여성이 남성과는 반대로 전前 오이디푸스적이고 기호적인 잔여와 접촉하는 방식이다. (남자는 전위적인 시를 씀으로써 그렇게 하는 반면, 여자는 아이를 가짐으로써 그렇게 한다.) 여기서 크리스테바는 임신, 분만, 수유, 양육 등의 개념을 결합시킨 모성을 탈역사화하고 심리학적으로 분석하고, 그 모든 것들을 사회정치적 맥락에서 분리하여 그 자신의 본질주의적인 여성성의 스테레오타입을 만들어낸다. (1992 : 190)

이 인용문에서 프래저는 크리스테바를 본질주의자라고 비판하는데, 여기서 프래저는 분명 생물학적 본질주의를 염두에 두고 있다. 그러나 프래저는 크리스테바의 작업에서 또 다른, 얼핏 정반대로 보이는 주제에도 관심을 보인다. 프래저는 크리스테바가 '자신의 견해를 바꿔, '여성women'은 존재하지 않는다, 여성적 정체성은 허구적이다, 여성주의 운동은 종교적이고 원시전체주의적proto-totalitarian 경향이 있다고 주장하는 등 자신의 견해에서 후퇴하고 있다.'고 기술한다. (ibid) 프래저는 분명 당혹스러워한다. 그녀는 계속해서 이렇게 기술한다. '그녀는 결국 본질주의적인 여성 중심주의적 계기와 반본질주의적인 유명론적 계기 사이를, 탈역사적이고 미분화된 모성적 여성의 성별 정체성을 강화하는 계기와 여성의 정체성을 다 부정하는 계기 사이에서 동요하고 있다.'(ibid)

크리스테바는 정말로 모순된 태도를 가진 사람인가? 아니면 프래저가 어떤 점을 놓치고 있는 것인가? 프래저는 크리스테바의 텍스트들을 성sex/성별gender의 이분법이란 편리한 도구로 이해하려는 것처럼 보인다. 프래저는 크리스테바의 '기호적/상징적' 이분법과 여성주의자들의 '성/성별' 이분법이 병렬 관계에 있다고 여긴다.

티나 챈터는 "성과 성별 이데올로기에 대한 여성주의자들의 암묵적인 서약"을 다음과 같이 기술한다.

여성주의가 그 자신에게 말하는 이야기에서는 성별이 주도적인 역할을 수행한다. 여성성이 문화적으로 구성된 것이지 우리의 본성에 새겨져 있는 것이 아니라는 점을 인식하기만 하면, 우리는 성별이 구성되는 방식을 변화시킬 수 있다. 우리가 문화를 변형시킬 수 있기 때문에 성을 구분하는 자연적 차이가 무엇이든지 간에 그것은 중요하지 않게 된다. 그래서 실제로 성, 자연, 생물학, 몸 등은 여성주의자에게는 중요하지 않은 것으로 기술된다. 여성주의에서 중요한 것은 성별, 문화, 사회, 역사 등이다.(19 93 : 185)

챈터의 말대로, 크리스테바의 비판자들은 성과 성별에 대한 여성

성Sex과 성별Gender 많은 여성주의자들은 여성과 남성이라는 '성sex'의 생물학적 범주를 '성별gender'이라는 문화적 범주와 구분하는 것이 유용하다고 여긴다. 이것은 남성성masculinity과 여성성femininity은 사회적이고 문화적인 구성물이고, 남성male 또는 여성female이 된다는 것은 (현대 의학으로 변화될 수 있다고 해도) 생물학적 사실이라는 생각을 말한다. 이것이 우리가 어떤 생물학적 남성을 여성적이라고, 또는 어떤 여성을 남성적이라고 생각할 수 있는 이유이다. 성별은 '부유하다가' 상이한 성에 달라붙을 수 있다. 많은 '성별 이론가들'은 이 성별 범주가 문화적이고 성 차별적인 스테레오타입들이 어떻게 생기는지, 그리고 그것들이 어떻게 변화될 수 있는지를 설명하는 데 도움을 주기 때문에 유용하다고 생각한다. '생물학이 운명'이라는 말이 사실이라고 해도, 분명 문화적 구성물들은 미리 결정되어 있거나 변화될 수 없는 것이 아니다.

주의적 구분을 기호계와 상징계에 대한 구분 위에 겹쳐놓음으로써, 그리고 의미작용의 기호적 국면을 성적인 것을 포함하여 생물학적 과정과, 그리고 상징적인 국면을 문화적으로 규정된 성별과 동일한 것으로 간주함으로써 크리스테바에게서 결함을 발견한다. 그런데 챈터는 반대로 크리스테바의 작업이 성/성별 이분법을 동요시킨다고 주장한다. 기호적 리듬과 방출은 우리의 의미화 실천의 한 부분이다. 그래서 우리는 육체와 문화 사이에 명확한 분리선을 그을 수 없고, 성에서 성별을 가려내기란 불가능하다.

성/성별 구분은 그 반대의 짝을 설정한다는 사실을 덧붙여두자. 우리는 여성성(또는 남성성)을 성적−육체적−생물학적−결정론적 물질로서 논하거나, 아니면 문화적−언어적−잠정적 구성물로서 논하는 데로 나아가야 한다. 크리스테바의 기호계와 상징계 개념은 꽤 다르게 작동한다. 그 둘 다 말하는 존재의 담론 속에 항상 나타나는 계기들이다. 누군가가 우리 앞에 서서 가능한 한 논리적이고 조직적으로 말하려 노력한다 해도, 의미작용의 기호적 국면은 독자적인 제 길을 간다. 말하는 존재가 육체를 소유하고 욕망하는 한, 즉 살아 있는 한, 순전히 논리적인 담론의 시도는 항상 방해받게 될 것이다. 크리스테바 비판자들은 생물학적 과정을 말하는 것은 전부 본질주의적이라고 걱정하지만, 사람들의 육체성은 늘 자신의 하고 싶은 말을 갖기 마련이다.

크리스테바의 비판자들은 그녀의 기호계 개념이 여성성을 전前 담론적으로 자연화한다고 주장한다. 다른 말로 하자면, 그 개념이 여성의 여성성을 문화적 구성물이 아니라 생물학적 사실로 만든다는 것이다. 그래서 그들은 크리스테바의 이론이 생물학적 본질주의로 주저

앉고 말았다고 주장한다. 크리스테바의 작업을 옹호하는 켈리 올리버와 그 밖의 옹호자들은 이 비난이 부정확하다고 지적한다. 기호계는 말하는 존재가 언어에 진입한 이후 담론적으로 작동하기 때문이다. 크리스테바의 옹호자들은 크리스테바가 생물학적 과정을 문화와 언어보다 중요하다거나 우선하는 위치에 두지 않았고, 그래서 그녀의 이론은 적절히 말해 본질주의적이지 않다는 것을 보여준다. 육체가 언어를 통해 매개되는 한, 육체 역시 문화적 구성물이다.

이론적으로 옳긴 해도 이러한 방어는 비판자들을 충분히 납득시키지 못한다. 그들은 여성 생물학에 대한 논의라면 무조건 반대한다. 이 같은 반감은 근대 철학의 아버지 르네 데카르트René Descartes(1596~1650)의 근본적인 전제를 맹목적으로 수용한 것에 뿌리를 두고 있다. 진정한 자아는 육체가 아니라 정신이고, 물리적인 것('확대된 실체extended substance')이 아니라 '생각하는 것thinking thing'에 있다는 가정 말이다. 정신을 물질 위에 두는 이 같은 데카르트적 이원론은 인간의 본성을 반드시 정신적이어야 하고, 본질과 모든 지식의 근거, 세계 재현의 가능성을 인식하는 것을 과제로 하는 투명한 본질이 되는 것으로 설정한다. 이 같은 이원론의 결과, 확대된 실체를 환기하는 어떤 것도 인간 지식을 추진한다는 위대한 근대의 기획에 참여하지 못하는 것처럼 보인다. 이 때문에 여성은 그 본질이 육체적인 사람으로 운명 지워진 것처럼 보인다. 그들은 '생각하는 존재res cogitans'가 되어야 하는 이상을 실현할 수 없다. 여성은 역사적으로 그들의 육체와 동일시되어왔고, 그리하여 철학의 역사에서도 생각하는 존재로서보다는 더 확대된 실체로 이해되어왔다. 여성이 그들의 육체와 동일하게 간주되는 한, 그들은 데카르트가 묘사한 인간 정체성의 잘못된 결과에 속는 것이다.

주체성과 관련하여 데카르트적 이원론은 두 개의 실체를 요구하는데, 하나는 존재에 본질적인 것이고 다른 하나는 그렇지 않은 것이다. 여성을 육체에 귀속시키는 것은 그들을 본질적으로 본질을 갖지 못한 존재가 되도록 결박하는 것이다. 따라서 문제는 본질주의에 있는 것이 아니라, 여성을 사라지게 만드는 형이상학에 있다. 많은 여성주의자들이 형이상학을 멀리하는 것은 조금도 놀랄 일이 아니다. 얼핏 보기에 그것은 여성들에게 오직 질병의 전조가 되는 것 같다. 데카르트적 인식 틀이 전제된다면, 어떤 여성주의자도 제정신으로는 여성의 육체를 말하지 못할 것이다. 그래서 많은 여성주의자들이 특히 「여성의 시간 Women's Time」과 「눈물 흘리는 성모 Stabat Mater」 같은 논문에서 부정할 수 없는 모성의 '육체적' 경험의 가치를 설정한 크리스테바에게 격분하는 것이다.

'눈물 흘리는 성모'

1997년에 《텔 켈》지는 '사랑의 여성적 윤리 Hérethique de l'amour'라는 제목이 붙은 크리스테바의 에세이를 출판한다. 제목과 관련하여 크리스테바는 '이단의'에 해당하는 프랑스어(hérétique)와 윤리학에 해당하는 프랑스어(éthique)를 결합시켜 '이단적 윤리 hérethique'란 말을 만들어낸다. 그 결과가 '여성적 윤리'이며, 그래서 원래 제목은 '사랑의 이단적 윤리'로 번역될 수 있다. 이 에세이의 영어 번역본은 라틴어구 '눈물 흘리는 성모 Stabat Mater'란 제목으로 『사랑의 이야기 Tales of

Love』(1987)에 게재되어 출판되었다. '눈물 흘리는 성모'는 예수가 십자가에 못 박혀 있는 동안 성모 마리아가 겪는 고통을 노래한 성가를 가리키는데, 이 성가는 "슬픔으로 가득 찬 어머니여 일어나라 Stabat Mater dolorosa"로 시작한다. (Kristeva 1986 : 160)

이 에세이에서 크리스테바는 어머니가 되는 것의 관점과 모성을 재현하는 것의 관점, 두 관점에서 모성을 기술한다. 에세이의 대부분은 두 개의 칸으로 나뉘어 기술되는데, 이는 전적으로 상이한 기록부에 씌어진 논의들이라는 것과 일치한다. 에세이의 왼쪽 칸에서 크리스테바는 본인의 임신 경험에서 (최소한 그렇게 믿도록 유도된다.) 그녀가 어떻게 자기 자신을 합리적인 동시에 욕망하고, 희열을 추구하고, 완전히 타자가 아니라 그녀 자신의 일부인 이 내부의 '타자'에 대한 깊은 사랑을 인지하는 것으로 경험하는지를 매우 시적으로 기술한다. 그녀는 자아와 타자의 분리가 임신 경험 속에서 흐려진다는 것을 발견한다. 그리고 분만의 경이로움은 현재 자기 자신의 한 부분인 존재가 타자가 되지만, 완전히 타자가 되는 것은 아니라는 점에 있다. 우리는 이타주의나 자기만족, 또는 의무/법 때문에 이 타자를 위해 행동하는 것이 아니다.

크리스테바가 겉보기에 본인의 경험을 빌어 기술하듯, 유아는 어머니의 보호를 받고, 어머니의 몸으로 양육되고, 어머니의 살과 목소리에 편안해진다. 어머니도 아이와의 친밀한 통일성과 임박한 분리를 받아들인다. 어머니와 태아, 신생아의 관계는 언어에 우선한다. 신생아가 주체성을 확보하려면 언어를 배우고 '법the Law' 등에 복종해야 할 테지만, 아이는 법을 위반하고자 하는 자신의 욕망을 포기하지 않을 것이다.

좀 더 평이하게 씌어진 오른쪽 칸에서, 크리스테바는 모성의 표상들과 그것이 제공하는 기능들을 논의한다.

> 인간은, 죽음과 생각의 자리에, 그리고 그것을 대신하여 어머니의 사랑을 가정함으로써 생각할 수도 없는 죽음을 극복한다. 이 사랑은 …… 아마도 심리적으로는 신생아의 생존을 보장했던 원초적 보호…… 의 호출이다.(Kristeva 1987 : 252)

바꿔 말하자면, 인간은 인간의 죽을 운명에 대처하고자 모성애의 표상을 필요로 한다. 크리스테바가 여기서 처음으로 지적하는 "인간man"이 성가 「눈물 흘리는 성모」의 작곡가로서 26세에 폐결핵으로 죽은 이탈리아의 조반니 바티스타 페르골레시Giovanni Battista Pergolesi(1710~1736)라는 점을 말해야겠다. 어쩌면 동정녀의 모성애에 대한 그의 환상이 죽는다는 것에 대한 그의 고통을 감싸주었는지도 모른다. 그 역시 자신의 어머니의 충만한 사랑을 생각하지 않았다면, 죽음에 대한 생각 때문에 살아갈 수 없었을 것이다. 이 환상은 모성의 지배적인 표상, 즉 남성들에 의해 지지되는 표상의 근원에 자리하는 것처럼 보인다. 그리고 어머니가 될 수많은 여성들에게 맹목적으로 받아들여지는 것 같다. 그 표상은 여성들에게 욕망의 승화, 금욕, 궁극적으로는 마조히즘masochism을 요구한다.

크리스테바는 정신분석학적 사유가 여성을 위해 이 같은 여성의 표상에서 벗어난 길을 거의 제공하지 않는다는 것 때문에 슬퍼한다.

도식적으로, 프로이트가 모성에 관해 유일하게 말하는 바는 아이에 대한 욕망이 남근 선망이나 항문기적 충동의 변형이고, 이것이 어머니로 하여금 아이-남근-배설물에 대한 신경증적 동일시를 발견하게 한다는 점이다. 그래서 우리는 분만에 대한 남성 환상의 본질적 양상과, 또한 대규모로 그리고 히스테리적 미로 속에서 남성 환상을 받아들이는 한에서 여성 환상의 본질적 양상을 알게 된다.(ibid : 254-256)

달리 말해서, 프로이트는 오직 모성의 현존하는 수사법을 변화시키려 한 것이 아니라 이해하려고 했을 뿐이다. '모성 경험의 복잡성과 위험에 관한 한, 프로이트는 오직 순전한 '무nothing'를 제공할 뿐이라는 점은 분명한 사실이다. 그리고 이 순전한 무는 그를 분석하려는 사람들에게 프로이트의 어머니에 대한 이러저러한 언급으로 강조된다.'(ibid : 255) 여성을 '어두운 대륙dark continent', 즉 미지의 대륙이라고 말한 프로이트의 경구를 이용하여 크리스테바는 이렇게 쓴다. '그의 추종자들에게는 탐험해야 할 대륙, 정말로 깜깜한 대륙으로 남아 있다.'(ibid) 그러나 크리스테바가 보기에, 프로이트의 추종자들은 결코 빛을 내지 못한다.

모성이 여성의 일부를 이루는 이 어두운 지대에 접근하는 길이 틀림없이 있을 것이다. 그래서 우리는 오늘날 어머니들이 말하는 것에 더 주의 깊게 귀를 기울여야 한다. 그들은 경제적 어려움을 통해서, 그리고 너무 실존주의적인 여성주의가 남긴 죄의식을 넘어서 자신들의 불안, 불면, 기쁨, 분노, 욕망과 고통, 즐거움 등을 통해서 말하고 있다.(ibid : 256)

'눈물 흘리는 성모'의 작곡가 페르골레시

18세기 이탈리아의 작곡가 조반니 바티스타 페르골레시는 26세에 폐결핵으로 요절했다. 크리스테바는 「눈물 흘리는 성모」라는 글에서 페르골레시의 예를 들어, 필사의 운명을 지닌 인간에게는 모성애의 표상이 필요하다고 말한다. 어쩌면 동정녀의 모성애에 대한 환상이 죽음을 앞두고 그가 느꼈을 고통을 감싸주었는지도 모른다.

동시대의 여성은 여전히 어머니가 되길 바라지만, 자기 자신을 거부하는 마조히스트가 되길 바라지는 않는다. 그리고 모성의 표상이 그들 자신의 욕망을 포기하길 요구한다면, 모성을 선택한 현대 여성은 곤경에 처할 것이다. 크리스테바는 이런 문제가 없는, 즉 여성들에게 모성과 본인의 욕망 사이에서 선택하는 걸 요구하는 것이 아니라, 그 대신에 모성의 표상을 재구성하는 길을 찾고자 한다. 어려움은 임신과 진통, 분만, 모성성의 경험이 사실상 뼈가 비틀리고 고통스러운 것이라는 데 있다. 그것은 자아의 경계를 흐리게 하고, 그때까지는 상징계에서 편안하게 자리 잡고 있던 여성에게 일종의 격변을 일으킨다.

침묵이 의심할 여지 없이 우선적으로 어머니의 육체를 지배한다. 어떤 기표도 흔적 없이 그 육체를 고양시키지 못한다. 왜냐하면 기표는 항상 의미이고 의사소통이거나 구조이기 때문이다. 반면에 어머니로서의 여성은 대신 문화를 자연으로, 말하는 자를 생물체로 변화시키는 이상한 접면이다. 모든 여성의 육체와 관련되어 있다고 해도, 기표로 포섭될 수 없는 이질성은 임신(문화와 자연의 문턱)과 아이의 출산(그것은 여성에게서 그녀 자신의 것을 빼내고, 확실하진 않으나 그녀에게는 타자와 접촉할 수 있는 가능성, 즉 윤리를 제공한다.)에서 폭발하듯 나타난다. 어머니의 육체가 가진 이 특이성은 여성을 존재의 격변이라 할 수 있는 접면의 존재로 만든다.(ibid : 259-260)

그러나 임신과 진통이 여성의 상징적 위치를 불안정하게 한다고 해도, 그 경험은 여성에게 "사회가 재생산되고 안정된 가족의 항구성이 유지되도록 하는 사회의 궁극적인 보증"이 되는 길을 제공하기 때문에 만족스러운 것이 된다.(ibid : 260) 크리스테바가 말하는 어려움은 모성성을 마조히즘적이지 않으면서 만족스러운 것으로 재현하는 방법을 찾는 것이다.

여성의 성도착(père-version, 아버지를 동요시키는 힘)은 생식과 개체 유지의 욕망으로서 법에 대한 욕망 속에 웅크리고 있다. 그것은 (탈선을 대비하여) 여성의 마조히즘을 구조적 안전장치의 대열에 올려놓는다. 그것은 인간 의지를 넘어서는 질서 속으로 들어갈 수 있다고 어머니를 확신시킴으로써 그녀에게 즐거움의 보상을 제공한다.(ibid : 260)

불행히도, 크리스테바는 에세이의 마지막 부분에서 그 방법을 매우 간략하게 암시한다. 그녀의 기술 내용은 매우 도발적이다. 크리스테바는 "두 성의 차이를 인정하고, 각자의, 그리고 결국엔 여성의 진정한 만족을 추구하며 두 성의 양립할 수 없는 이해관계와, 환원될 수 없는 것을 승인하는 데로 이끌어갈" 분석과 이해를 요구한다.(ibid : 262)

많은 독자들은 이 에세이에서 크리스테바가 모성을 매우 중요하고 잠재적으로 만족스러운 것으로 경험한다는 점을 들어서, 그녀가 본질주의적이라고 생각할 만한 충분한 근거를 발견한다. 얼핏 보면 그녀가 여성을 그들의 육체와 출산의 생물학적 기능과 동일시하고, 여성의 상징적인 의미화 실천의 중요성을 부정함으로써 생물학적 본질주의의 죄를 범하는 듯이 보인다. 그러나 독자가 좀 더 주의 깊게 읽는다면, 크리스테바가 여성을 그들의 육체로 환원하는 일반적인 틀을 거부한다는 것을 알 수 있다.

크리스테바는 문화와 자연을 상호 배타적인 용어로 취급하지 않고, 문화와 자연이 여성의 몸을 통해서 서로 겹쳐질 수 있다고 본다. 우리의 상징적 언어는 깔끔하게 표현하고 잔여물 없이 진실을 포착하고자 하지만, 임신과 어머니 되기의 경험은 이러한 시도를 분쇄한다. 임신하지 않았다면 상징적 공동체의 한 구성원으로 자리 잡고 있었을 임신한 여성은, 임신을 통해 자신이 자신의 생명체에게 끊임없이 주의를 기울인다는 사실을 발견하게 된다. 그 이전에는 문화의 개인주의적 특성을 지지하며 한 개인으로서 자신을 과시할 수 있었지만, 이제 그녀는 틀림없이 최소한 둘로 존재한다. 과거에 그녀의 다른 윤리적 관계가 개인들 사이의 대칭적이고 보편적인 의무에 기초한 교환으로 취급될 수 있었다면, 이제 그녀는 결코 자아도 타자도 아닌 어떤 사람과 관계를 맺게 된다.

어머니에게서 태어나는 모든 인간은 이 사랑이 충분히 주어지든 아니면 거의 주어지지 않든지 간에 이 사랑에 대한 원초적 지식을 갖고 있을 것이다. 크리스테바의 관점에서 보자면, 어머니의 사랑은 결정적인 기능을 수행한다.

오늘날 동시대의 윤리학이 더는 도덕성과 동일한 것으로 이해되지 않는다면, 그리고 그 윤리학이 귀찮지만 피할 수 없는 법의 문제들을 회피하는 것이 아니라 법에 육체와 언어, 희열을 제공하는 것이 되어야 한다면, 그러한 경우에 윤리학의 재구성은 여성의 기여를 필요로 한다. 재생산(안정)의 욕망을 품은 여성, 우리 말하는 종족이 죽는다는 것을 알면서도 죽음에 항거할 수 있는 여성, 즉 어머니들의 기여가 필요한 것이다. 왜냐하면 도덕성에서 분리된 이단적 윤리, 즉 '여성적 윤리'는 아마도 다름 아닌 결속, 사고, 그러므로 죽음의 생각을 견딜 수 있게 해주는 것이기 때문이다. 여성적 윤리는 죽지 않는 것, 사랑이다. (1987 : 262-263)

이 새로운 종류의 윤리학에 대한 크리스테바의 언급은 안타까울 정도로 간략하다. 이 텍스트 말고도 다른 곳에서도 이 윤리학을 언급하긴 하지만, 크리스테바는 그에 관해 결코 상세하게 논의하지 않는다. 켈리 올리버는 그것을 '무법자 윤리학outlaw ethics'이라고 명명한다.

그것은 임신과 출산에서 주체와 타자의 위치 사이의 애매성에 기초하여 성립한다. 그것은 자율적인 윤리적 행위자를 전제한다기보다는 오히려 그것에 도전하는 윤리학이다. 여성적 윤리학은 타자에 대한 의무를 자아에 대한 의무와 인류에 대한 의무로 설정한다. 이 윤리학은 법이 아니라 사랑으로써 주체와 타자를 결속시킨다. …… 윤리적 사랑의 모델은 아이에 대한 사랑으로서, 그것은 또한 그녀 자신에 대한 사랑이자 그녀의 어머니에 대한 사랑이다. 어머니의 사랑은 또한 자신을 포기하고 자신 내부의 이질성을 포용하고자 하는 의지이다. (1993 : 183)

새롭게 이름 붙인 용어 '여성적 윤리학herethics'으로, 크리스테바는 새로운 윤리학을 요구하는데, 그것은 단지 어머니와 아이 간의 사랑에 대한 것만은 아니다. 그보다는 훨씬 더 큰 어떤 것, 즉 기호계와 상징계 사이에 다리를 놓는 어떤 것에 대한 것이다. 영국의 철학자 앨리슨 에인리Alison Ainley는 이렇게 말한다.

(크리스테바는) 윤리적 실천의 위치가 더는 규칙과 법의 재구성과 완성의 시도에 놓여 있지 않음을 암시하는 듯하다. 대신에, 과정/시도 중에 있는 주체의 분열적 효과는 윤리적 주체의 상이한 궤도를 향하는 크리스테바의 이론화에서 성취된다. 의미작용의 과정과 관련하여 이루어지는 주체의 정위定位의 끊임없는 일탈과 갱신은 그러한 주체를 공동체와 담론의 변형 속에 다시 끼워넣는다. 그 결과, 그것은 변형이 일어나는 경계들과 새로운 실천들이 관심의 초점이 놓여야 할 곳으로 서서히 나아간다.(1990 : 55)

에인리에 따르면, 크리스테바는 '모성성의 위치가 '자연과 문화의 문턱'으로서, 공동체의 보증인인 '어머니'이자 동시에 '다형적이고 오르가즘적인 육체, 웃고 욕망하는' '타자'인 여성으로서 전복적인 가능성을 획득한다고 암시한다.'(ibid : 58)

에인리는 기호계와 말하는 존재의 일탈적 양상들이 어떻게 법을 교란하는지를 정당하게 지적하지만, 크리스테바는 상징계와 말하는 존재 되기가 가진 법 유지의 국면도 마찬가지로 중요하다고 여긴다. 그렇지 않으면 타자에게서 자신의 윤곽을 그리는 것으로서의 주체성은 불가능할 것이다.

크리스테바의 윤리학은 기호계를 몰아내지 않으면서, 법과 상징계를 통해 주체성을 가질 수 있는 길을 발견하라고 우리에게 요구한다. 그것은 정신/육체, 문화/자연, 말/살 등의 이원론을 해체하는 것에 관한 것처럼 보인다. 어머니-아이 관계는 이 이원론들을 해체할 길을 암시한다. 어머니는 꼭 의무 때문이 아니라 사랑 때문에 자기 아이를 위해 일한다. 그 사랑은 꼭 타자를 향한 것만이 아니라 한때 자신 안에 있던 것, 그리고 개별적 타자와 보편적인 타자, 즉 인류 등을 향한다. (이 사랑이 어떻게 이기주의와 이타주의의 이분법을 넘어서는지를 주목하라.) 모성의 경험을 염두에 두고서 크리스테바는 우리가 이 새로운 윤리를 낳을 수 있다고 주장한다.

크리스테바의 '과정철학'

그래서 우리에게는 어머니들이 필요하다. 다시, 이것은 보수주의자들에게 좋은 연료가 될 본질주의적인 것처럼 보인다. 그러나 크리스테바는 여성 자신들을 일반화하지 않는다. 그녀는 에세이 「사랑의 여성적 윤리」의 두 개의 칸 중 왼쪽의 시적인 칸에서 어머니의 경험을 일인칭적으로 설명한다. 그리고 오른쪽 칸에서는 여성 그 자체가 아닌 상징적 표상들을 논의한다. 그녀 자신의 견해는 거의 보수주의적이지 않다. 여기서 묘사된 모성성의 기능은 오히려 급진적이다. 자연과 문화, 자아와 타자, 삶과 죽음 등의 접면, 일상적인 표상들을 분쇄하는 존재의 큰 격변인 접면이 된다는 것이 바로 그것이다. 나는 여기서 "큰 격변catastrophe"을 종말이나 파국이 아니라, 사물들의 일상적 질서를 전복하는 사건으로 해석한다.

더욱이 크리스테바는 일부 비평가들이 비판하는 것과 달리, 아이를 낳는 것이 여성의 의무가 되는 "강제적 모성compulsory maternity"을 요구하지 않는다. 그럼에도 불구하고 아이를 낳는 여성은 인류에게 큰 선물을 주고 우리의 생존을 보증한다. 크리스테바의 요점은 모성성의 새로운 표상과 모성성에 대한 더 나은 사유 방식이 필요하다는 것이다. 성모 마리아는 그것이 될 수 없다.

내가 읽은 바에 따르면, 크리스테바는 존재의 근본적 범주를 실체substance 또는 사물thing이라고 보는 데카르트적 형이상학의 '실체적 존재론substance ontology'과는 근본적으로 다른 형이상학에 기초한 표상을 제공한다. 나는 그녀의 작업을 또 다른 형이상학적 전통, 즉 '과정철학process philosophy'으로 이해한다. 이 과정철학은 아마도 소크라테스 이전 철학자인 헤라클레이토스Heraclitus(기원전 500)에서 기원하고, 오늘날엔 영국 철학자 앨프리드 노스 화이트헤드Alfred North Whitehead(1861~1947)와 관련되어 있을 것이다. 과정철학은 또한 프리드리히 니체Friedrich Wilhelm Nietzsche(1844~1900), 마르틴 하이데거Martin Heidegger(1889~1947), 질 들뢰즈Gilles Deleuze(1925~1995) 등 대륙 철학자들의 중심적인 접근법이기도 하다.

이 철학자들은 모두 실체가 담당하는 중심적인 역할을 거부하는

형이상학Metaphysics과 존재론Ontology 형이상학은 현실의 궁극적인 본질을 연구하는 철학의 한 분과로, 이에 따르면 실재reality는 물리학 대상들을 관찰하는 식으로 관찰될 수 없다. (이것이 이 연구를 물리적 현상을 '넘어선meta' 학문, 즉 형이상학으로 만든다.) 존재론은 형이상학의 부분집합이다. 그것은 사물들의 현존이나 '존재'를 연구한다.

형이상학적 접근법을 공유한다. 과정철학은 철학의 한 체계가 아니다. 그것은 어떠한 절대적인 신조도 갖지 않는다. 오히려 과정철학은 실체보다는 사건들을 강조하는 형이상학적 탐구 스타일을 획득한다. 표준적인 형이상학은 실체, 본질, 부동성, 지속성, 동일성, 연속성 등을 강조한다. 그것은 사건들의 부침 속에서도 살아남을 수 있는 본질, 시간을 관통하여 지속하는 어떤 것을 추구한다. 반면 과정 형이상학은 변화, 사건, 새로움, 활동성, 유동성 등을 강조한다. 과정철학자들은 '사물들의 실상'이 흐름 속에 있다고 여긴다. 무엇이든 지속한다기보다는 오히려 항상 변화한다. 고대 그리스인들의 질문 '이것이 무엇이냐To ti einai?'에 대한 대답은 실체나 물체라기보다는 아마도 코드나 규약이라 할 것이다. 아마도 '무엇'은 사물thing(실체substance)이 아니라 변화의 유형, 곧 과정일 것이다.

내가 알기로, 크리스테바는 한 번도 자신이 과정철학자라고 밝힌 적이 없다. 하지만 그녀에게 묻는다면 의심할 여지 없이 그녀는 자신이 과정철학자라고 대답할 것이다. 왜냐하면 과정 중의 주체에서부터 '코라', 아브젝시옹, 사랑의 전이 등에 이르기까지 그녀의 핵심 용어들이 전부 운동성, 변화와 역동성을 환기하기 때문이다. 이는 그녀가 정신분석학적 모델을 선택하는 데서도 분명히 알 수 있다. 크리스테바는 에고, 이드, 슈퍼에고로 이루어진 프로이트의 '2차 위상학second topology'에 기초한 에고 심리학과 에고 사실주의 모델을 채택하지 않고, 초기 프로이트의 나르시스적 에고 이론에서 이끌어낸 라캉의 모델을 도입한다. 에고 사실주의와 에고 심리학 이론들은 에고가 어떤 종류의 본질, 고정된 실체라고 믿는다. 그와 달리 프로이트

학파의 리비도 모델은 에고가 진화한다고 주장한다. 프로이트는 나르시시즘을 다룬 에세이에서 유체적流體的 에고 모델을 제안하는데, 이 모델에서 에고의 '형상shape'은 리비도가 자기 자신을 향하거나(에고-리비도) 타자를 향하거나(대상-리비도) 간에 리비도 투자의 형상과 정도에 달려 있다.

크리스테바의 관점에서 볼 때, 언어는 생물학적 과정이자, 말하는 존재가 역사와 사회를 구성하는 문화적인 과정이다. 크리스테바는 "언어를 모험적인 실천으로 보는 극적인 개념이 말하는 동물로 하여금 역사의 격변뿐만 아니라 육체의 리듬을 감지할 수 있도록 한다."고 믿는다.(1980 : 34)

크리스테바에게 주체성은 정신분석 이론이 기술하는 충동과 과정에서 기원한다. 주체성이 생긴 이후에도 그것은 결코 안정된 고정적 실체가 아니다. 그녀에 따르자면, 그것은 개방적 체계이다. 크리스테바는 리비도 에너지 집중을 다룬 프로이트의 나르시스적 모델을 끌어들여, 개방적 체계로서의 정신은 리비도의 부착물의 형상이라고 주장한다. 이것은 주체성이 '무에서ex nihio' 생겨난다는 뜻이 아니다. 이 기원이 실체가 아니라 해도 기원은 존재한다. 그것은 바로 운동성 movement이다. '코라'가 '움직임과 순간적인 정지로 이루어진 근본적으로 운동적이고 극히 일시적인 분절'(Kristeva 1984 : 25)을 가리킨다는 점을 상기해보라. '코라'라는 용어는 재현한다.

이미 재현에 의존하는 배치를. …… 코라에 대한 우리의 이론적 기술이 그 자체가 코라를 명료하게 드러내는 재현 담론의 일부라고 해도, 코

라 그 자체는 단절과 분절(리듬)로서 명료성, 사실감, 공간성, 시간성에 앞선다.(ibid : 26)

크리스테바의 작업에는 분명히 문화와 자연, 이른바 성별과 성 사이의 접면이 존재한다. 어떤 에세이에서 그것은 어머니의 육체이다. 그러나 다른 텍스트에서 그것은 그저 말하는 존재, 다시 말해 친족, 언어와 법 등 관계들의 조직망 속에서 태어나고, 자신의 다가올 죽음을 인지할 뿐만 아니라 그것과도 협상해야 하는 사람이다. 그래서 이 말하는 존재는 협상해야 할 많은 부분들이 있고, 그래서 그 모든 것들 속의 접면이 된다. 다른 과정철학자들이 이 접면들, 사건들, 움직임과 그 밖의 잡다한 격변들을 기꺼이 규명하려 한 반면, 크리스테바는 이 부분을 가볍게 다루고 싶어 한다. 내 생각으로, 바로 이 점이 크리스테바의 작업을 철학자로서뿐만 아니라 정신분석의로서 나아가도록 추동한다.

크리스테바는 정신분석학적 실천 속에서 분석 경험을, 접면들을 살피고 육체와 문화 사이의 관계를 재구성하는 과정으로 다룬다. 저서 『반항의 의미와 무의미 Sens et non-sens de la révolte』에서 본인이 말하는 대로,

> 나는 정신 현상을 연구하는 사유의 두 경향에서 벗어나고자 성sexuality과 사고thought의 공존을 강조하고 싶다. 두 사유 경향이란 하나는 정신을 의식의 관점에서만 생각하는 인지주의이고, 다른 하나는 전前 라캉주의적 정신분석학을 말한다. …… 기표의 분석 또는 '정신the mind'의 이론, 또는

기관과 충동의 처리 등으로서의 정신분석 대신에, 나는 프로이트적인 발견의 독창성을 보여주고자 노력할 것이다. 그것은 정신분석이 하나의 임상학이자 사고'와' 성 발달의 공존성을 다룬 이론이라는 것이다. 말하는 존재에 대한 이 양면적(사고/성) 접근은 내가 정신분석 경험의 중심에서 본 것으로, 그것은 전통적인 이원론의 독창적인 변형이며, 인간의 본질을 생물화하는 것이 아니라 심리적 장치, 그것의 활동과 장애 요소 등에 대한 연구의 중심을 사고-성/성-사고라는 상호 의존적 관계에 두는 것이다. 언어는 이 상호 작용의 영역으로서, 프로이트는 바로 여기에서 의식적인 언어 소통으로 환원될 수 없는 구성 요소들(충동의 표상들)과 논리(일차적 과정)로 이루어진 무의식의 그것, 즉 '또 다른 장면other scene'을 발견한다.(2000 : 94-95)

달리 말해, 정신분석은 사고와 성을 모두 주의 깊게 듣는 방법이다. 언어는 이러한 상호 작용의 영역에 위치하지만 그 상호 작용은 결코 언어로 환원되지 않는다. 그래서 일부 여성주의자 비평가들이 성과 성별을 분리하려는 것처럼 언어와 문화를 육체에서 떼어놓은 것은 잘못이 될 것이다. 정신분석 현장에서 우리의 마음과 몸, 문화와 생물학적 과정들은 뒤엉켜 있다. 피분석자의 발화는 그 자신을 솔직하게 드러내지만, 욕망에서 멀어지는 문명화를 촉발하려는 다른 현장에서는 그러한 시도에 거짓된 모습을 취한다. 그래서 우리는 분석 현장을 말하는 존재들이 말할 때 누설하는 것의 노출된 뼛조각, 즉 패러다임으로 받아들인다.

여기서 드러나는 것은 자아가 데카르트적인 본질 체계, 다시 말해 육체적 존재와 사고하는 존재의 배타적 구분 위에 놓일 수 없다는 점이다. 피분석자의 언어는 생물학과 문화를 겹쳐놓는다. 육체는 의미화 과정 속에서 활동하게 되지만, 그러나 의미작용은 결코 육체로 환원될 수 없다. 언어는 하나의 접면인 것만큼이나 하나의 과정이다. 과정으로서의 언어는 자아가 육체와는 별개의 정신이라고 보는 어떤 본질주의적 개념도 취하지 않는다. 그래서 육체, 기호계, 성sexuality에 대한 크리스테바의 언급은 프래저와 여타 비평가들이 주장하는 것처럼 결코 본질주의적인 것으로 환원될 수 없다. 이 본질essence이란 과연 무엇인가? 우리는 크리스테바의 작업에서 환원 대신에 낡은 범주의 파열을 발견한다.

본질 아닌 '과정'의 형이상학

과정process을 채택하여 생물학과 충동들을 이해하고, 자아를 유동적이고 움직이는 '과정 중에 있는in process' 주체로 봄으로써 크리스테바는 본질주의적이라는 비난을 무력화시키거나 최소한 회피한다. 크리스테바를 본질주의자라고 보는 여성주의자들의 염려에도 불구하고, 크리스테바의 철학은 본질보다는 오히려 과정의 형이상학을 환기시키고, 따라서 그것은 근본적으로 본질주의와 양립하지 않는다. 크리스테바의 철학에서 여성주의는 움직이고 활동하는 모든 것을 배제하는 본질주의에 저항하고자 하는 시도로 이해될 수 있다. 이런 의미에서 여성은 기호적 코라와 동일화되지 않는다. 오히려 여성주의자들은 기호적 코라를 우연과 역사와 변화가 발생하는 성적 차이를 나타내는 데 전략적으로 사용할 수 있다.

06

여성의 시간

크리스테바와 새로운 여성주의

성적 차이에 대한 관심으로 인해, 크리스테바는 '차이difference'를 옹호되어야 할 것이 아니라 극복되어야 할 것이라고 보는 초기 여성주의 세대와 구분된다. 그들은 계몽주의의 개척자, 19세기 여성참정권론자, 20세기 평등권과 자유의 주창자들이다. 그들은 선거권에서부터 자기 자신의 몸을 통제할 수 있는 권리, 나아가 재생산의 자유에 이르기까지 전 영역에 걸친 여성의 권리를 위해 투쟁한다. 이 초기 여성주의는 대부분 여성도 남성이 부여받은 권리와 특권을 똑같이 누릴 만한 자격이 있다는 것을 보여주고자 한다. 이 주장을 뒷받침하고자 그들은 남성과 여성의 유사성을 강조하고 차이는 최소화한다.

이 초기 세대가 지녔던 목표들이 달성된 이후, 여성의 독특함을 강조하고 그 가치를 인정하려는 새로운 유형의 여성주의가 나타난다. 얼핏 보면 크리스테바의 여성주의 역시 이 유형에 속하는 것 같다. 그러나 크리스테바는 아주 단호하게 자신과 그들을 구분한다.

특히 프랑스에서 어떤 여성주의자들은 언어로 되어 있는 것은 무엇이나 엄격한 의미, 이해, 논리의 질서로 되어 있고, 그래서 그것은 남성적이라고 말한다. 불행하게도 이론이나 과학은 남근적이고 남성적이다. 다른 한편으로 언어에서 여성적인 것은 대개 부정확, 소문, 충동, 아마도 일차적 과정, 수사학 등과 관련이 있다. 다소 거칠게 말해서, 그것은 언어 기호와 논리의 지나친 엄격함에서 벗어난 애매함, 침묵의 영역, 문학적 표현의 영역 등과 관련되어 있다.(Guberman 1996 : 116)

크리스테바의 단어 선택은 그녀가 확실히 이 접근법을 받아들이지 않는다는 점을 보여준다. 그녀는 이렇게 말한다. 그것은,

언어 기능에서의 어떤 상相 또는 양태modality를 여성적인 것으로 칭하는 데 내재하는 마니교적 태도이다. 그리고 그 같은 상을 줄곧 여성에게 할당한다면, 그것은 사실상 여성을 열등한 위치, 어떤 경우에는 주변적 위치에 머물게 하고, 여성을 유치하고 말도 못 하며 감정 기복이 심한 사람들로 규정해버리는 결과를 초래한다.(Guberman 1996 : 116-117)

크리스테바는 이 두 번째 접근법이 확실히 전복적인 기능을 수행하긴 하지만, 여성의 지위와 관련해 보면 너무 큰 대가를 지불한다고 생각한다.

25년도 더 전에, 미국의 여성주의자들이 미 의회에서 평등권 개정안이 통과되도록 여전히 (헛되이) 노력하는 동안에, 크리스테바는 여성주의 운동이 취해온 뚜렷한 두 가지 자취를 주목한다. (1) 사회적 질서에 편입하는 것, (2) 사회적 질서를 전복하려 노력하는 것. 1975년에 처음 출판된 인터뷰에서, 크리스테바는 여성이 권력과 언어에서 종속적인 지위에 놓여 있었기 때문에 이 두 가지 선택 사항을 모두

시도해왔다고 말한다.

권력과 언어에서 배제되었다고 해도, 그녀는 그것들을 작동하게 하는 숨겨진, 보이지 않는 요소를 소유한다. 다른 한편으로 그녀는 부정성과 공격성의 원천이 되고, 그 권력을 한계까지 밀어붙이고 그것과 싸울 수 있다. 이것이 히스테리 환자의 고전적 역할이다. 히스테리 환자는 말의 실제적이고 구성적인 의미에서 혁명적인 증상으로 파열하는 위험을 무릅쓴다. 그러나 그녀는 또한 자신이 권력과 동일화되고 권력을 차지할 때까지 권력을 주장할 수도 있다. 우리는 여성주의적 의제의 어떤 국면들이 권력과 동일화하고자 했기 때문에 실패한 것은 아니라는 점에 놀랄 수도 있을 것이다. 그러한 시도는 여성을 공적 권력에서 간극을 메우는 대항권력으로 나아가게 했다. 또는 어떤 내적 모순도 존재하지 않는 상상적 세계의 신비를 아는 여성들만으로 구성된다고 믿는 궁극적으로 조화로운 사회로 이루어진 약속된 땅으로 나아가도록 하기도 했다.(ibid : 105-106)

크리스테바는 이런 종류의 여성주의적 사고를 "환영적인 응집성 phantasmatic cohesion"이라고 부른다. 그녀는 여성을 불침번 서는 국외자로 보는 첫 번째 전략을 더 좋아하는 것 같다. 그러나 동시에 여성을 영구적으로 주변적 위치에 놓으려고 하는 여성주의 운동에 대해서도 비판적이다.

크리스테바는 두 접근법이 이해할 만하고, 어느 정도는 유용하다고 말한다. 그러나 분명한 것은 그녀가 그 밖에 다른 접근법이 있어야 한다고 생각한다는 점이다. 그녀는 「눈물 흘리는 성모」를 쓰고 난지 1년 뒤에 쓴 다른 에세이 「여성의 시간」(1981년 영어판 출간)에서 이 세 번째 방법의 밑그림을 그린다. 그녀는 1993년에 이 에세이를 약간 개정하여 저서 『새로운 영혼의 병 Nouvelles maladies de l'âme』으로 다시 출판한다. 이 책은 영어로 번역되었다. 여성주의 학자 토릴 모이에 따르면, '여성주의적 관점에서 볼 때 이것은 크리스테바의 가장 중요한 에세이로 꼽을 만하다. 이는 그녀가 여기서 여성주의의 문제, 한편으로는 그것이 여성성과 맺는 관계, 다른 한편으로는 상징적 질서와 맺는 관계를 명백하게 검토하기 때문만은 아니다.'(Kristeva 1986 : 187)

제1세대 : 같음의 여성주의

「여성의 시간」에서 크리스테바는 유럽 여성주의의 세 '세대generation'를 언급한다. 그녀가 말하는 세대는 '연대순 배열이라기보다는 오히려 '의미화 공간', 즉 육체적인 동시에 욕망을 소유한 정신적 공간'(Kristeva 1995 : 222), 달리 말해 특수한 접근이나 태도를 의미한다.

크리스테바가 1968년 이전 자리에 놓은 유럽 여성주의의 제1세대는, 남성과 똑같은 권리와 특권을 추구한 운동이다. 이 운동은 여성에게 남성과 동등한 권리와 평등한 대우를 요구했다. 이 운동의 중심적 신조는 여성이 남성과 실제로 "똑같기" 때문에 남성과 똑같은 것을 누릴 자격이 있다는 것이었다. 두 성 사이에 진짜로 중요한 차이라고는 존재하지 않으며, 그래서 남녀는 똑같이 취급되어야 한다. 이 제1세대 여성운동가들은 남성이 살아온 시간과 동일한 '시간', 즉 선조적인linear 역사의 시간에 사는 것을 추구했다. 여기서 여성의 성취는 인간 역사의 선조적 시각표에 삽입될 수 있다. 이 여성들은 여성이 "논리적이고 정통 과학적이며 이론적인 장치를 전유해야만 한다."고 주장하고, "여성 물리학자, 이론가와 과학자들이 존재한다는 것을 대단히 만족스럽게 생각한다." "그들은 여성을 위해 문화의 영역에서 매우 중요한 자리를 유지한다."고 크리스테바는 기록한다.(Guberman 1996 : 117)

그 전에는 문화의 공적이고 선조적인 시간은 남성에게만 가치가 있었다. 여성은 가정에 거주하는데, 요리, 청소, 출산, 수면 등을 반복하는 그곳의 지배적 시간은 순환적이다. 가정의 영역에서 시간은 원 속에서 움직인다. 새로운 어떤 것도 실제로 창조되지 않는다. 대신에 기존의 것들이 재창조되거나 재생산된다. 제1세대 여성주의자들은 순환적 시간에서 벗어나 역사 만들기의 가능성을 가진 선조적 시간으로 들어가고 싶어 했다.

제1세대 여성주의자들은 그들을 남성과 다르게 만든 것이면 무엇

아버지의 시간, 어머니의 종족 「여성의 시간」에서 크리스테바는 제임스 조이스의 구절 "아버지의 시간father's time, 어머니의 종족mother's species"을 빌려와 인간 존재가 점유해온 두 차원을 지칭하는 데 사용한다. '아버지의 시간'은 역사, 운명, 진보의 의미를 가진, 남성이 살아온 선조적 시간을 가리킨다. '어머니의 종족'이란 구절은 여성이 전통적으로 점유해온 영역, 즉 인류를 생산한 공간, 코라 같은 공간을 환기한다. 그곳의 시간은 한편으로는 반복으로, 다른 한편으로는 어떤 의미의 영원성으로 특징 지어진다.

이든 거부하고, 대신에 남성 및 상징적 질서와 동일화되는 것을 추구한다. 이것은 묘하게도 실제로는 그들로 하여금 현상 유지를 수용하도록 만든다.

여성참정권론자와 실존주의적 여성주의자들의 투쟁으로 시작되었을 때, 여성운동은 계획과 역사의 선조적 시간 속에 자리 잡기를 추구했다. 결과적으로 그 운동이 시작부터 보편주의적이었다고 해도, 국가의 사회정치적인 삶에 깊이 뿌리내릴 수 있었다. 여성들의 정치적 요구, 말하자면 동등한 임금과 동등한 노동, 남성이 가진 것과 동일한 기회의 권리 등에 대한 요구뿐만 아니라, 역사에 참여하는 것과는 양립할 수 없는 것으로 여겨진 여성적이거나 모성적인 특성들의 거부 등 모든 것은 국가와 민족의 지배적인 합리성에 관한 이데올로기적인 가치들(그러한 가치는 곧 너무 반동적인 것으로 비판받는다.)이 아니라, 논리적이고 존재론적인 가치들과의 동일화 논리에서 유래했다. (Kristeva 1995 : 207)

제1세대 여성주의자들은 현존하는 질서와 동일화되고 또 그것을 유지한다. 그들은 체계를 전복하고자 하지 않는다. 오히려 그것에 참가하길 원한다. 그들은 재생산의 자유와 함께 남성에게 허용된 모든 권리를 원한다. 제1세대를 계승한 대부분의 여성주의자들이 그러하듯, 크리스테바 역시 이 영역에서 이룬 그들의 성과를 찬양한다. 그러나 크리스테바는 동일화 방법으로 '올드보이 클럽'[기존의 남성적 질서]에 '참가'하려는 투쟁이 상당한 성과를 낼 것이라고 믿지 않는다는 점에서 제1세대 여성주의를 계승한 후속 세대와 다르다.

체계의 한계

크리스테바는 그 중요하고 유효한 사례로, 동유럽의 사회주의 국가에서 이룬 진보를 든다. 알다시피, 그녀는 소련과 동유럽 공산권의 통치 기간 동안 글을 썼다. 여러 가지 면에서 사회주의는 계몽주의로 알려진 18세기 운동 과정에서 개발된 평등주의적 이상의 정점이다. 사회주의는 '계몽주의적 휴머니즘의 평등주의적이고 보편주의적인 맥락의 정신에서' 작동하면서 '두 성 사이의 동일성이 '제2의 성'을 해방시키는 유일한 길이라는' 이념에 충실한다. (Kristeva 1995 : 209)

그래서 우리는 여성이 사회주의 아래서 "모든 것을 이룰 수" 있으리라고 생각했을 것이다. 사회주의가 전도유망한 개척자 노릇을 하던 시기와 장소에서 활동한 여성주의자들에게는, 이미 현실이 아니라고 해도, 사회주의가 올드보이 클럽에 참가하려는 노력을 가치 있게 만들 것처럼 보였을 것이다. 실제로 많은 부분에서 이것은 훌륭한 전략이었다. '동유럽에서 여러 가지의 실책과 동요에도 불구하고 초기 여성주의 운동의 가장 중요한 요구 중 세 가지가 실현되었다. 경제적·정치적·직업적 평등의 요구가 그것이다.'(ibid : 210)

그러나 크리스테바가 제기한 요구, 즉 성적 평등에 대한 요구는 실현되지 않았다. 크리스테바는 여성의 특수한 욕망 및 필요에 대한 인식과 결합된 성적 자유를 염두에 둔 듯하다. 국가가 여성에게 이 자유를 부여한다는 것은 '낙태와 피임의 권리뿐 아니라 성 관계의 자유방임'을 일으키는 것이다.(ibid) 이 요구는 '국가의 이성뿐만 아니라, 특정한 마르크스주의 윤리학에 의해 금지된 채' 남아 있다.(ibid) 이 요구에 동의한다는 것은 또한 사회주의가 여성의 차이와 특수성을 인정한다는 것을 의미한다. 그러나 '보편성universality'의 계몽주의적 이상에 기초한 사회주의는 여성의 욕망보다도 여성의 특수성을 더 인정할 수가 없다.

이 모든 것은 제1세대의 전략이 여기서 작동하지 않을 것이라는 점을 말한다. 왜냐하면 성적 평등의 문제는 근본적으로 성적이고 상징적인 계약에 결박되어 있기 때문이다. 달리 말해서, 여성의 성적 평등을 부정하는 것이 '모든 체계 그 자체의 논리'였던 것이다. 여성은 체계와 동일화하는 방식으로는 결코 성적 자유를 얻을 수 없을 것이다. 크리스테바의 지적은 사회주의뿐만 아니라 자유주의 사회에도 해당한다. 그녀의 지적은 사회주의를 모욕하려는 것이 아니라, 모든 체계는 그것이 아무리 이상적이라 해도 구성원들을 상이한 방식으로 배치한다는 점을 말하려 한 것이다. '성적이고 생물학적이며 생리적인 차이, 그리고 재생산의 차이는 주체와 상징적 계약, 즉 사회적 계약 사이의 관계에서의 차이를 반영한다.'(ibid)

1980년의 한 인터뷰에서 크리스테바는 여성의 항의가 권리 승인 투쟁 그 이상이라고 말한다. 그녀에 따르면 여성의 항의는,

> 무엇보다도 먼저 개인의 성적 차이를 본질적으로 구별하는 것과 관련하여 개인이 사회질서 속에서 재현하는 개인적인 특수성에 관심을 쏟아야 한다고 요구하는 데 내재하는 항의이다. 우리는 어떻게 이 성적 차이를 규정할 수 있는가? 성차는 단지 생물학적인 것만이 아니다. 그것은 특히 우리 스스로 이 차이를 만들어내는 표상들 속에서 주어진다. 우리는 언어와 상징화의 도구 이외에 이 표상을 구성하는 어떤 수단도 없

다.(Guberman : 1996 : 116)

크리스테바는 여성과 남성을 구분하는 것이 생물학적 차이만은 아니라고 말한다. 이 차이들조차도 의미 있는 것으로 '분절되어야' 한다. 성의 차이를 만드는 것은 상징적 영역이다. 크리스테바는 사회적 질서와 상징적 질서를 더 큰 체계(심리상징적인 구조)의 두 차원으로 보며, 여성의 요구는 체계와 동일화하거나 또는 체계가 여성과 동일화하도록 해서는 이루어질 수 없다고 주장한다.

제2세대 : 차이의 여성주의
이 구조적 사실은 1968년 이후에 등장한 세대에서 싹트기 시작했다. 이 구조의 이해는 "권력과 언어, 의미 등에 남녀 각자가 맺는 관계와 관련하여 남성과 여성의 차이를 명백하게 하는 것의 문제"였다. (Kristeva 1995 : 210)

이 세대의 많은 여성주의자들은 정신분석 이론을 참조하여 상징적 질서가 거세 불안이나 공포에 기초한다는 통찰을 얻는다. 크리스테바는 '거세castration'가 사람을 상상적 충만함에서 욕망과 결핍, 상징적 영역을 작동시키는 바로 그 결핍으로 이동시키는 '상상적 구성물'이라는 프로이트의 통찰을 인용한다. 그래서 사회상징적 영역은 이 상상된 '거세'에 기반한다. 일반적으로 남성은 '그들을 길들이려 하는 이 분리와 언어'를 예찬함으로써 이 공포에 반응한다. 반면 여성은 결핍으로 구성되는 존재로 배치된다. 이 결핍은 그들로 하여금 비록 헛되긴 하지만 만족을 찾아 상징적 영역으로 나아가게 한다. 상상된 거세는 여성으로 하여금 어쩔 수 없이 충만함의 상상적 영역을 떠나 사회적-상징적 질서로 나아가도록 강제한다.

이것을 비롯한 여러 통찰들 덕분에, 제2세대 여성주의는 여성이 사회적 계약을 유지하고자 희생해온 것이 무엇인지를 알게 되었다.

> 이 심리상징적 구조의 내부에서 여성은 언어와 사회적 결속에서 거부당했다고 느낀다. 거기서 그들은 자신들이 자연, 육체, 아이의 몸, 또 다른 여자나 남자 등과 유지하는 관계들의 의미도, 정동도 발견하지 못한다. 일부 남성들 역시 경험하는 것이지만, 그에 수반되는 좌절은 새로운 여성주의 이데올로기의 핵심이다. 결과적으로 여성이 언어와 사회적 코드가 기초한 통사적 결합과 희생 논리에 충실하기란 불가능하지는 않더라도 어려운 일이다. 그리고 이것은 결국 아버지 기능의 거부로 경험되는 상징계의 거부로 나아갈 수 있고, 그 결과는 정신병일 수도 있다.(ibid : 213)

제2세대는 사람들 사이뿐만 아니라 기호와 의미 사이의 분리를 요구하는 심리상징적인 구조가 성 차별적 사회의 한가운데 자리 잡고 있음을 보기 시작했다. 그러한 상실을 거부하며, 많은 제2세대 여성들은 이 계약의 희생 논리에 저항하기로 결정한다.

제1세대가 차이를 최소화했다면, 제2세대의 유럽 여성주의자들은 주로 낡은 체계가 평가 절하한 것을 재평가하는 방식으로 차이를 강조하기 시작한다. 전체적으로 크리스테바는 1968년 이후에 등장한 여성주의 세대를 다음과 같이 특징짓는다. 정신분석학적 사고와 예술의 영향을 받은 여성들로 이루어진 제2세대는 '선조적 시간성에 대한 유사-보편적인 거부로서, 그리고 정치적 삶에 대한 꽤 단호한 불신으로서 특징 지어진다.'(ibid : 208)

2세대는 제1세대가 추구한 종류의 이익을 계속 요구하는 한편으로, "과거 문화에서 침묵을 강요당해온 여성들의 육체적이고 상호주관적인 경험"을 표현할 언어를 추구한다.(ibid) 제2세대는 선조적 시간에 대한 제1세대의 관심을 거부하고 여성의 시원적이고 순환적인 시간, 뿐만 아니라 인류의 '불멸의' 시간으로 되돌아가길 열망한다. 선조적 역사 속의 생산자가 되길 추구하는 대신에, 여성의 삶을 인류의 보존자로서 재평가하는 길을 추구한다. '오늘날 여성주의는 주변부적 운동의 순환적이거나 불멸하는 시간성뿐만 아니라, 시원적인 (신화적인) 기억으로 되돌아가고 있다.'(ibid)

여러 텍스트와 인터뷰에서 크리스테바는 제2세대에게 기대되는 바를 기술하며 헤겔 텍스트의 일부분을 가져온다. 1807년에 처음 출판된 헤겔의 『정신현상학 Phenomenology of Spirit』이 그것이다. 여기서 헤겔은 여성, 즉 그리스의 극작가 소포클레스 Sophocles(기원전 495~406)가 쓴 동명 연극에 등장하는 주인공 안티고네라는 허구적 여성을 "공동체의 영원한 아이러니"라고 묘사한다.(1977 : 288) 크리스테바는 헤겔을 환기하며, 1989년에 한 인터뷰에서 이렇게 말한다.

> 나는 여성을 회복할 수 없는 이방인으로 보는 관점에 매료되었다. 그러나 여성에 대한 긍정적인 관점을 원하는 미국의 어떤 여성주의자들은

그러한 관점을 달가워하지 않는다는 것을 알았다. 그러나 우리는 변화의 동력인 이 영원한 주변성으로 시작하여 긍정적인 개념에 이를 수 있다. 그래서 나는 여성성이란, 달이 우리의 정체성이라는 태양의 반대라는 점에서 바로 이 달의 형태와 같다고 생각한다. 이렇게 보면 우리 여성이 남성보다 주변성을 더 많이 소유할지는 몰라도, 남성 역시 그것을 가지고 있다. 그리고 화해시킬 수 없는 이 부분을 보존하려는 노력으로 우리는 아마도 항상 헤겔이 말한 공동체의 영원한 아이러니일 수 있는 것이다. 바꿔 말하면, 공동체가 폐쇄적이지 않도록 하고, 동질적이고 그래서 억압적이지 않도록 하는 불침번일 수 있다. 즉, 나는 여성의 역할을 일종의 불침번, 이질성, 그래서 항상 감시하고 경쟁할 수 있는 것으로 본다. (Guberman 1995 : 45)

크리스테바는 여성이 이러한 역할을 수행할 수 있는 기회들을 좋아한다. 그러나 그녀가 생각하기에 그 기회는 매우 드물다. 왜냐하면 대부분의 여성이 너무 어머니로서의 여성 이미지에, 그리고 아버지의 법에 대한 존경에 넋을 빼앗겨 법을 전복하거나 조롱하는 주변인으로 자유롭게 남을 수 없기 때문이다.

제1세대는 공적 영역의 선조적 시간 속에서 하는 행위를 지지하여 역사적으로 여성을 가정에 귀속시켜온 어머니 노릇 하기를 추방하였지만, 제2세대는 그것을 다시 받아들인다.

오늘날 대부분의 여성은 자신에게 아이를 낳아야 할 과제가 있다고 느낀다. 이것은 새로운 세대에게 하나의 의문을 제기한다. 어머니가 되고자 하는 이 욕망 뒤에 무엇이 놓여 있는가? 이 물음에 대답할 수 없다면, 여성주의 이데올로기는 불안과 고통, 그리고 어머니의 기대 등을 달래주는 역할을 할지도 모를 종교의 귀환에 길을 열어주는 것이다.(Kristeva 1995 : 219)

제2세대가 모성의 역할을 받아들이는 한, 그것은 또 다른 종교가 될 위험이 있다. 신God 대신에 그것은 '시원적 여성Woman'과 '그녀의 힘Her power'을 갖는다. 제2세대의 어머니 되기로의 귀환은, 그것이 여성의 시원적이고 신화적인 기억을 회복시킬 방법으로 보이는 한 한 가지 문제를 일으킨다. 크리스테바는 이 2세대에게서 여성이 아마도 가지고 있을지 모르는 '훌륭한 본질'을 이 시원적 어머니 신화와 동일시하는 경향을 발견한다. 여기서 드러나는 한 가지 위험은, 독특함과 개별성 및 특수성을 가진 실제적 여성이 '시원적 여성'의 독재 아래서 사라진다는 데 있다.

또 다른 위험은 더 심각하다. 어머니의 신화를 심리상징적인 질서의 질병을 치유할 수 있는 것으로 옹호하는 것의 위험. '어머니에 대한 영원한 부채는 여성을 상징적 질서에 더 취약하고, 고통당할 때 더 부서지기 쉽고, 자신을 지켜야 할 때 더 치명적이게 한다.'(ibid : 218) 신화적 어머니와 사회상징적 질서의 대비는 체계에 대한 폭력을 정당화하는 데 이용되어왔다.

훌륭하고 건전한 가상의 본질에 대한 원형적 믿음이 본질적으로 시원적이고 충만하며 완전한, 모든 것을 포용하는 어머니, 좌절하지 않고 분리되지 않으며, 상징주의를 가능하게 하는 '거세'를 결여한 어머니에 대한 믿음이라면, 바로 그 시원적 어머니의 신화에 도전하지 않고서는 계속되는 폭력을 약화시키기란 불가능하다.(ibid : 218)

기존 질서에 대한 제2세대의 저항은, 비록 이해할 수는 있더라도 위험하고 잠재적으로 치명적이다. 때때로 우리는 '악과 투쟁하며 이번에는 사회적 결속 관계, 곧 남성과 여성의 결속 관계의 근저에 있는 악을 재생산한다.'(ibid : 214) 크리스테바는 다음과 같이 말한다.

> 여러 여성주의적 경향들은 …… 기존의 권력을 거부하고, 제2의 성을 쾌락의 희망을 품은 공적 사회의 분신인 일종의 '반反 사회countersociety'로 만든다. 이 여성 사회, 즉 조화롭고 관대하며 자유로운, 그리고 기쁨에 넘칠 것이라고 상상된 반 사회는 희생물을 만들어내고 좌절시키는 사회상징적 계약의 반대편에 설 수 있다.(ibid : 215)

상상적인 반 사회는 악의 원인이라 간주되는 것을 추방함으로써 유지된다. 반 사회는 자기가 '범죄 집단'과 맞서 싸우는 어떤 '훌륭한 본질'을 포함하고 있다고 여긴다. 이 희생양은 '이방인, 자본가, 타 종교, 또는 이성異性' 등일 수 있다.(ibid : 216)

크리스테바는 묻는다. 이 논리는 일종의 역전된 성 차별주의로 나아가지 않는가? 그것은 또한 많은 여성들을 팔레스타인 특공대나 독일의 '바더-마인호프 갱', 이탈리아의 '붉은 여단Red Brigades'[1970년 창설된 독일의 극좌 과격파 테러 조직] 같은 테러 집단에 가담하도록 하

바더-마인호프 갱의 지도자 안드레아스 바더의 장례식
1977년 슈투트가르트 공동묘지에서 있었던 바더의 장례식 장면을, 독일 화가 게르하르트 리히터가 그린 것이다.

'바더-마인호프 갱'은 전후 서독에서 가장 활발히 활동한 호적적인 좌익 집단으로, 정식 명칭은 '적군파 분파Red Army Faction'이다. 1970년 안드레아스 바더 등이 창설한 RAF는 '도시 게릴라' 공산주의자를 표방하고 무장 저항 활동을 펼쳐, 서독 정부에 테러리스트 집단으로 규정되었다.

는 논리가 아닌가?

새로운 세대

그러나 크리스테바는 제2세대가 됐든, 그 다음 세대가 됐는지 간에 좀 더 통찰력을 갖춘 구성원들이 다른 어떤 것을 하기를 바란다. 첫째, 그들은 '시원적 여성Woman'을 낭만화하지 않을 것이다. 크리스테바는 "시원적 여성과 같은 것은 존재하지 않는다."고 한 라캉의 "모욕적인 발언"을 반복한다. 정말로 그녀는 "권력에 대한 욕망으로서의 테러리즘뿐만 아니라 권력의 테러가 토대를 둔 최고 권력과 신화적 충만함의 보유자로서의 대문자 'W(Woman)'로 존재하지 않는다."고 크리스테바는 말한다.(1995 : 218)

제2세대가 '시원적 여성'에 대해 지닌 독재적 개념은 실제적 여성의 개별성과 특수성을 지워버릴 것이다. 제3세대의 과제는 각 여성의 개성에 주목하는 것이어야 할 것이다. '새 세대 여성주의적 전복에서 가장 미묘한 국면들이 미래에는 이 문제를 향하게 될 것이다.'라고 크리스테바는 기술한다. 그러고 나서 그녀는 제3세대의 목표가 되기를 희망하는 바를 간략히 쓴다. '먼저 여성성의 특수성을, 그 다음엔 각 여성의 특수성을 발견하고자 성적인 것과 상징적인 것을 결합하는 것에 초점이 맞춰질 것이다.'(ibid : 210)

둘째로, 크리스테바는 다음 세대가 여성의 여러 욕망을 만족시킬 수 있는 방법을 찾을 것이라고 믿는다. 제3세대는 선조적 시간의 남성 세계에 참가하려는 욕망과 함께 아이를 갖고 싶은 욕망, 즉 아이도 갖고, '그리고' 일도 갖고자 하는 욕망을 진지하게 다룰 것이다. 이전 세대의 여성 중 그 누구도 여성들 자신이 종족의 재생산자이기도 하고 문화의 생산자이기도 하다고, 즉 육체적 존재이자 사회적 존재라고 보지 못했다. 선택은 항상 자기 주장적인self-affirming 문화 행위 대 자기 거부적인 어머니 되기의 행위 사이에서 이루어지는 것처럼 보였다.

모성이 죄의식에서 자유로워지려면, 이 탐험은 마조히즘을 수반하지 않고, 또한 우리의 감정적이고 지적이며 직업적인 개성을 절멸시키지 않고서도 착수되어야 한다. 이렇게 하여 모성은 우리가 한 번도 상상해보지 못한 어떤 것, 즉 진정한 '창조적 행위'가 된다.(ibid : 220)

셋째, 이 새로운 세대는 제2세대가 시작한 것, 즉 심리상징적인 구조 속에서 기호들의 역동성을 분석하는 것에서 더 효력을 발휘할 것이다. 제2세대는 이 구조를 보고 그것을 단지 거부하려고만 했다.

내가 강력히 지지하는(내가 상상하는) 이 제3세대에게 두 경쟁적인 실체 사이의 대립과 같은 남성과 여성의 이분법은 '형이상학의 문제'가 된다. '정체성' 개념 자체가 도전받는 이론적이고 과학적인 공간에서 '정체성', 특히 '성적 정체성sexual identity'은 무엇을 의미하는가? 나는 단지 양성성bisexuality을 암시하려는 것이 아니다. 양성성은 가장 자주 전체성에 대한 욕망, 차이의 근절 욕망을 드러낸다. 나는 더 특수하게 경쟁 집단 사이에 '종결되어야 할 싸움'을 완화시키는 것을 생각하는 것이다. 화해를 바라는 것이 아니라, 최소한 여성주의가 사회적 계약에서 변형될 수 없고 치명적인 것을 폭로한다고 칭송받을 수 있기 때문에, 폭력이 타자의 거부를 통해서가 아니라 개인적이고 성적인 정체성 내부에 있는 최대한의 운동성으로 발생하기를 희망하는 것이다.(ibid : 223)

제3세대는 심리상징적인 구조가 정체성과 차이의 형이상학에 토대한다는 것, 거기서 하나의 성(또는 계급, 인종, 국가)은 또 다른 성의 경쟁자로 보인다는 점을 인식할 필요가 있다.

그러나 크리스테바는 이 구조를 회피하는 대신에 그것을 '내면화하고', 우리 자신의 내부에서 "사회심리적인 계약의 근본적인 분리"를 보기를 요구한다. '그 지점부터 타자는 나에게 낯선 악도 아니고 외부의 희생양, 즉 또 다른 성, 계급, 인종이나 국가 등이 아니다."라고 그녀는 기술한다. '나는 '공격자인 동시에 희생자'이고, 동일자이자 타자이고, 자기동일적 존재이자 이질적인 존재이다.'(ibid)

이것은 처음에는 참으로 모욕적인 "해답", 구조의 경쟁자들을 내면화하는 것이 어떻게 구조를 변형시키는 데 도움이 될 것인가란 물음에 대한 해답인 것처럼 보인다. 크리스테바는 이 과정이 먼저 각 사람의 '정체성'이 다양한 민족적·종교적·성적·직업적·정치적인 동일시들을 짜깁기한다는 점을 우리에게 상기시킬 것이라고 주장한다. 그리고 그 다음으로 이 과정은 각 사람에게 책임을 지울 것이다. '나는 있는 그대로 나 자신의 지지할 수 없는 정체성의 토대가 되는 분리를 계속 분석해야 한다.'(ibid) 우리는 우리 각자가 사회상징적인 계약 '덕분에' 정체성(자아의 의미)을 가지는 한, 우리 각자는 그 모든 비열한 행위들에 연루된다는 점을 깨닫게 될 것이다.

크리스테바는 에세이의 마지막 부분에서 책임성 문제를 제기함으로써 「눈물 흘리는 성모」에서 논의했던 주제, 즉 윤리학이나 도덕성의 주제로 되돌아간다. 그녀는 여성이 낡고 고전적인 윤리학에 종속될 것이 아니라, 새로운 윤리학으로 가야 한다고 되풀이하여 말한다. 불행하게도 크리스테바는 자기가 의미하는 바가 무엇인지 거의 말하지 않는다. 다만 두 가지 실천, 즉 정신분석학과 미학이 이 새로운 윤리학으로 통하는 장을 열어줄 수 있다고 주장한다. 이 실천들은 언어와 공동체의 낡은 신인동형론적神人同形論的・anthropomorphic(남자의 형상을 한) 정체성의 기초를 약화시킨다. 그것들은 우리에게 "우리 동일시의 다양성과 상징적이고 생물학적인 실존의 상대성"을 상기시킬 것이다.(ibid)

그와 같이 이해된다면, 미학은 도덕성의 문제를 담당한다. 상상계는, 기만과 증오의 폭발이 도그마와 법에서 자유로워진 사회를 파괴하기 때문에, 아직 가시화되지 않은 윤리학의 윤곽을 그리는 데 기여한다. 상상계는 우리로 하여금 우리 자신의 희생적 질서를 지각하고, 그리하여 그 질서의 추종자들 각자에게 지워진 짐의 일부를 보유한 윤리학을 상상해볼 수 있게 한다. 상상계는 그 질서의 추종자들에게 그들이 죄를 짓고 있으며 책임을 져야 한다고 판결 내린다. 그것이 그들에게 희열, 여러 미적 생산, 여러 시도와 차이들로 가득 채워진 삶 등의 가능성을 직접 제공한다고 하더라도 말이다. 이것은 유토피아적 윤리학이다. 그러나 어떤 다른 종류의 가능성은?(ibid : 223-224)

마지막으로, 크리스테바는 제3세대의 여성주의 덕분에 여성으로서 얻을 수 있는 이익보다는 인간 존재로서 얻을 수 있는 이익에 대해 훨씬 더 많이 논의한다. 그것은 '가부장제'와 남성을, 여성을 억압해 온 죄인으로 단정하는 대신에, 모든 사람이 다 똑같이 죄인이고, 따라서 똑같이 새로운 윤리적 시각을 불러올 수 있다고 주장한다. 기존의 남자 대 여자의 위계 관계를 복구하거나 재평가하는 대신에, 그 새로운 시각은 우리에게 우리 내부에 존재하는 많은 대립 관계를 인식하라고 요구한다. 그것은 우리에게 우리 자신의 집을 먼저 정돈하라고 요구한다.

'같음'과 '다름'을 보듬어 안는 제3의 길

크리스테바의 에세이 「여성의 시간」은, 이후 1980년대에 그녀의 정신분석학적 작업에서 개발된 주제들을 비롯하여 「눈물 흘리는 성모」에 나타난 주제들을 함께 기술한다. 이 에세이의 통일된 주제는 사회심리적인 질서에 초점을 맞추는 것이다. 제1세대 여성주의자들은 여성이 그 질서에 참여하는 길을 추구했지만, 그 질서를 재평가하거나 변화시키려는 노력은 거의 하지 않았다. 제2세대는 그 질서를 거부했지만, 그 과정에서 비난받아 마땅하다고 여겨지는 질서와 다름없이 성 차별적이거나 심지어는 폭력적으로 되어가는 위험을 보였다. 크리스테바는 제3세대 여성주의자들이 비판적·생산적으로 이 질서를 재평가하고, 그와 동시에 여성들로 하여금 그들 자신의 유죄성을 진지하게 생각하도록 고무할 것이라는 희망을 품는다. 사실 크리스테바는 사회상징적 질서를 다루며, 남성과 여성으로 하여금 남성성과 여성성이 무엇인지, 그들의 정체성이 어떻게 구성되는지, 이런 구성물에서 벗어나 다른 양성적 대안을 추구할 수는 없는지 등에 대한 그들의 가장 근본적인 견해를 다시 생각해보라고 요구한다. 크리스테바는 성적 차이를 좋아하지만, 이 차이가 마조히즘적이거나 강제적인 것이 아니라 오히려 여성과 그들의 섹슈얼리티에 대해 생산적이고 자유로운 것이 되기를 바란다.

07

반항

Julia Kristeva

반항하는 주체

줄리아 크리스테바의 이론적인 틀은 인간 또는 '말하는 존재'에 대한 특수한 개념을 드러낸다. '말하는 존재speaking being'는 한편으로는, 예컨대 기표와 기의 사이의 정체성이 지배하는 상징적 의미의 논리적 질서에 사로잡힌 존재이다. 그러나 다른 한편으로는 육체와 정신의 기호적 방출과 에너지 대체로 파열된 존재이다. 말하는 존재는 그 정체성이 결코 본래 있어야 할 자리에 고정되어 있지 않기 때문에 '과정 중에 있는 주체subject in process'이다.

  이 존재의 정체성은 지속적으로 언어의 이종성, 다음성과 다의성, 즉 기호적 언어로 생산되는 서로 다른 많은 소리와 의미로 인해 끊임없이 붕괴된다. 크리스테바가 보기에, 말하는 존재의 이 두 극, 즉 기호계와 상징계는 동시에 활동한다. 설사 상징적인 양식이 보통 더 우세하다고 해도, 어느 한쪽의 전적인 승리는 파멸을 가져올 것이다. 어떤 기호적 에너지를 결여한 누군가는 죽는 편이 낫거나 아마도 이미 틀림없이 죽어 있을 것이다. 그러나 기호적 방출에 전적으로 지배되는 누군가는 의미와 정체성과의 접촉을 완전히 잃어버린 정신병자가 된다.

  과정 중의 주체는 불안정한 생물학적이고 심리학적인 방출에 추동되어 불안정한 지대를 횡단해야 하지만, 다른 한편으로는 여전히 상징계에서 합법적으로 협상할 수 있다. 기호적 방출이 자아 동일적이고 안정된 주체가 되고자 하는 시도를 방해한다 해도, 말하는 존재는 마치 자신이 그와 같은 주체이기라도 한 것처럼 행동해야 한다. 달리 말하자면, 말하는 존재는 기호적 '코라'가 고스란히 그대로 있지 못하도록 해야 한다.

이 기획은 확실히 경계성 장애를 겪는 주체들에게 엄청난 노력을 하라고 요구한다. 그들은 이미 안정적인 정체성을 유지하는 데 어려움을 겪는 사람들이다. 그러한 주체들은 상징계와, 그리고 안정적인 자아가 된다는 것에 대한 그들 자신의 감각과 느슨하게 결속되어 있

반항의 근원 크리스테바는 반항 개념을 그 용어의 어원을 살펴보며 가장 넓은 의미에서 접근한다. 오늘날에는 철저히 정치적 함축을 가진 이 말은, 애초에 '전환turning'을 가리키는 말로 시작되었다.

"'반항'의 어원인 라틴어 동사 'volvere'는 처음에는 정치적인 것과 거리가 멀었다. 그 말에서 '동굴', '주위', '전환', '복귀' 등의 의미(의미소)를 가진 파생어들이 생겨났다. 고대 프랑스어에서 이 말은 '감싸다', '만곡 부위', '둥근 천장', 심지어는 '오믈렛', '굴리다', '둘둘 말다' 등을 의미하였다. 이 말은 확장되어 '빈둥거리다galvauder', '수선하다', '희가극vauevire(후렴)' 등으로까지 쓰였다."(2000 : 1)

16세기에 이르러 시간의 순환적 운동을 강조하는 이탈리어의 영향이 이 말 속에 스며들어가, '나선 모양으로 감기기volubility' 개념과, 종이를 막대기에 둘러싸기의 개념이 생겨나는데, 그것이 결국 '책volume'이 된다.

"언어학자 알랭 레이Alain Rey는 다양한 어원적 전개가 지닌 응집성을 강조하는데, 그것은 가장 근본적인 개념과 거기에서 파생되는 개념으

다. 그들의 기호적 방출은 상징적 질서에 대한 끊임없는 반항 상태 속에 존재한다.

상징계와 확고하게 결속된 사람들이 훨씬 더 나은 모습을 하고 있는 것처럼 보인다. 그러나 이것이 모든 경우에 다 해당하는 것은 아니다. 기호계 힘과의 접촉을 상실한 사람들에게는 또 다른 위험이 기다리고 있다. 상징적 질서에 대한 반항의 위협이 없다면 영혼은 에너지를 상실하고 만다. 그것은 '코라'가 주체성에게 부여하는, 삶을 강화하는 힘을 상실하는 것이다. 그러면 자아는 한 인간 존재라기보다는 한낱 자동인형처럼 될 것이다. 기호적 힘과 접촉하지 않으면

> 로 시작한다.(산스크리트어 'varutram', 그리스어 'elutron, eiluma' 같은 단어까지 거슬러 올라가는) '비틀다, 굴리다, 둘러싸다'의 개념과, 포장지로 쓰이는 '덮개'가 바로 그것이다."(ibid : 2)
> 이 모든 파생어에서 비틀기나 감싸기의 위상학적이고 기술적인 개념이 지배적인데, 이것은 스웨덴 자동차 회사의 이름인 '볼보volvo'(나는 구른다roll)에까지 나타난다.
> "고대의 인도유럽어 형태 '*wel'과 '*welu'는 의도적이고 장식적인 행위를 환기시키며, 결과적으로 보호하고 감싸는 기술적 대상들을 지시한다. 오늘날 우리는 '혁명revolution'과 '나선helix', '반란을 일으키다se révolter'와 '뒹굴다se vautrer' 사이에 내재하는 관련성은 거의 알지 못한다."(ibid)
> 그 다음 시간이 지나면서 반항은 시간과 공간, 종류에서 일어나는 어떤 전환을 의미하게 되었다. 말 그 자체는 가변적인 것이다. 그리고 그것은 다양한 형태의 사회적·정치적·윤리적 변형을 암시해왔다. 크리스테바는 반항에 대한 글쓰기에서 이 모든 의미를 끌어들인다.

않을수록 번성할 수도, 변화할 수도, 살아갈 수도 없다. 그렇게 되면 사람들은, 이 책의 2장에서 기술된 그런 종류의 개방적 체계, 말하자면 그들 자신의 내부에서 그리고 그들을 둘러싼 외부에서 나온 심리적이고 육체적인 에너지에 개방된 개방적 체계가 되지 않고 폐쇄적으로 고립될 것이다. 그들은 사랑하며 사는 대신에 고립 속에 빠진다. 어떤 살아 있는 존재도 이런 방식으로는 번성할 수 없다. 기호계가 상징적 질서에 반항할 수 있는 통로가 항상 존재해야만 한다.

이 장에서는 크리스테바의 '반항revolt' 개념을 세 가지 측면에서 다룰 것이다. 첫째, 동시대의 사회가 어떻게 주체의 정신을 약화시키려 위협하는지를 개관한다. 둘째, 크리스테바가 주체가 정신을 마비시키는 사회에 반항할 수 있고 또 반항해야만 한다고 생각하는 방식을 살펴본다. 셋째, 크리스테바의 반항 개념이 지닌 정치적 외연을 검토한다. 이 장에서는 반항에 대한 글쓰기 과정에서 크리스테바가 논증하는 대로, 주체의 정체성 형성의 '미시 정치학'에 주목하는 것이 어떻게 공적인 영역에서 일어나는 '거시 정치학'만큼이나 정치적 변형에 필수적인지 볼 수 있을 것이다.

스펙타클의 사회

크리스테바는 오늘날의 주체가 상징적 의미로써 구성되는 '현실reality'과의 느슨한 접촉보다도 오히려 기호계와의 느슨한 접촉으로 인해, 달리 말해서 주체들이 너무 상징계에 사로잡혀 있기 때문이 아니라 기호적 에너지에 무감각해졌기 때문에 더 큰 위험에 처해 있다고 여긴다. 우리는 너무 텅 빈 이미지들의 자극에 공격받아서 진짜에 대해서는 느끼거나 반응할 수 없게 되었다. 크리스테바는 급진적 지식인 기 드보르Guy Debord(1931~1994)의 작업을 도입하여 오늘날의 세계가 '스펙타클의 사회society of the spectacle'로 특징 지어진다고 말한다. 기 드보르는 1958년부터 1969년까지 《국제적 상황Internationale Situationniste》 지의 설립자이자 편집자였고, 1967년에 처음 출판된 『스펙타클의 사회La société du spectacle』(1983)의 저자이기도 하다.〔스펙타클은 소비자본주의사회의 이미지 과잉 현상을 가리킨다. 드보르에 따르면, 현실과 분리된 스펙타클은 진짜 현실을 제거하고 계급적 권력관계를 은폐하며 우리의 삶을 소외시킨다.〕

『스펙타클의 사회』에 나오는 221개의 경구 가운데 첫 번째 경구에서, 드보르는 현대사회에서는 '삶의 모든 것이 '스펙타클'의 거대한 집적물로서 그 자신을 표현한다. 직접적으로 삶에 속했던 모든 것이 표상으로 바뀌었다.'고 말한다.(1983 : no1) 스펙타클은 '삶의 구체적인 전도inversion'(ibid : 2), '현실적인 사회의 비현실성'(ibid : 6)이고, 광고·정보·선전과 오락 등 많은 형태를 띤다. 그 모든 것은 기본적인 경제적·산업적인 질서의 현시물이다. 자본주의와 사회주의에서 이루어지는 현대적 생산은 상품을 왕으로 만든다. 우리는 우리가 사고 입고 소비하는 것이 우리를 규정하는 세계에서 살고 있다. 우리는 우리의 얄팍하지만 만족할 줄 모르는 욕망을 점점 더 많은 것을 소비함으로써 충족시키려 한다. '스펙타클은 경제가 사람들을 완전히 정복해온 그 만큼 사람들을 자신에게 복종시킨다. 그것은 스스로 발전하는 경제에 지나지 않는다. 그것은 사물 생산의 진정한 반영이고

생산자들의 거짓 대상화이다.'(ibid : 16)

달리 말해, 스펙타클의 사회에서 사람들은 경제의 도구이며, 그들의 욕망은 그들 자신의 것이 아니다. 욕망은 상품이 욕망을 충족시킬 것으로 의미되는 것과 같은 정도로 확실하게 생산된다. 우리는 우리가 '필요'하다고 여기는 것이 인위적으로 생산되었다는 것을 의식하지 못한 채 우리의 필요를 충족시키고자 소비한다. '필요성이 사회적으로 꿈꾸어지는 한, 그 꿈은 필수적인 것이 된다. 스펙타클은 궁극적으로는 단지 잠에 대한 욕망을 표현하는 것에 불과한 감금된 현대사회의 악몽이다. 스펙타클은 잠의 수호자이다.'(ibid : 20) 스펙타클의 사회에서 사람들의 욕망은 궁극적으로 망각을 목표로 한다. 우리는 소비하고, 그러므로 우리 자신의 진정한 열망을 가질 필요가 없다.

비록 크리스테바는 작업에서 몇 차례 드보르를 언급할 뿐이지만, 그녀의 저술은 분명히 그의 영향을 받고, 유사한 평가를 제공한다. 그녀는 어떤 경우에는 '스펙타클the spectacle'이라는 드보르의 용어를 사용하기도 하고, 어떤 경우에는 '쇼 문화culture of the show'를 쓰기도 한다. 그러나 이 두 용어는 결국 동일한 현상을 지적한다. 크리스테바는 드보르에 공감하며 이렇게 기술한다. '우리는 이미지들에 압도당하고 있다. 그것들은 우리를 흥분시키고 우리를 대체한다. 우리는 꿈을 꾸고 있다. 환각적인 황홀함은 즐거움과 현실 사이, 진실과 거짓 사이의 경계가 부재하는 데서 비롯된다. 스펙타클은 꿈과 같은 삶이다. 우리는 모두 이것을 원한다.'(1995 : 8)

크리스테바는 드보르와 함께 스펙타클의 사회가 현실을 뒤집는 방식을 지적한다. 주체들은 자본주의사회의 천박함과 무의미함을 경험하는 대신, 이미지를 실제처럼 경험하기 시작한다. 드보르가 이러한 현상이 객관적 현실을 제거하는 방법에 초점을 두었다면, 크리스테바는 그것이 어떻게 주관적 공간을 왜곡하는지에 초점을 맞춘다.

1993년에 쓴 책 『새로운 영혼의 병 New Maladies of the Soul』에서 크리스테바는 새로운 종류의 환자가 정신분석학적 진찰대에 오르는 현상을 관찰한다. 오늘날의 환자는 심리적 공간의 쇠약화로 고통받는 것처럼 보인다. 그들은 '영혼'을 덜 가지고 있는 것 같다.

> 현대인은 나르시시스트이다. 고통을 받을 수도 있지만 어떤 죄책감도 느끼지 않는 나르시시스트. 현대인은 자신의 고통을 자신의 몸에 표시하고, 육체적 증상에 시달린다. 그의 문제는 그 자신의 욕망이 역설적으로 부추긴 바로 그 문제로 피난하는 것을 정당화하는 데 기여한다. 그가 우울증 환자가 아니라면, 그는 그릇된 즐거움을 주지만 어떤 만족감도 제공하지 않는 의미 없고 가치 없는 대상들에게 제거당하게 된다. 파편적이고 가속도적인 시공에서 살면서 그는 자주 자신의 얼굴을 알아보는 데 어려움을 겪는다. 성적이고 주체적인 또는 도덕적인 정체성을 지니지 않기 때문에, 이 이중인격자는 경계들의 존재, 즉 경계성 장애 환자가 되거나 또는 '거짓 자아', 곧 종종 그러한 수행적인 취기의 기쁨조차 없이 행동하는 몸이 된다. 현대인은 자신의 영혼을 잃어버리고 있지만 이를 알지 못한다. 왜냐하면 심리적 장치는 표상들과 그것들의 의미 있는 가치를 주체에게 기록하는 것이기 때문이다. 불행하게도 그 암실은 수리받아야 한다. (Kristeva 1995 : 8-9)

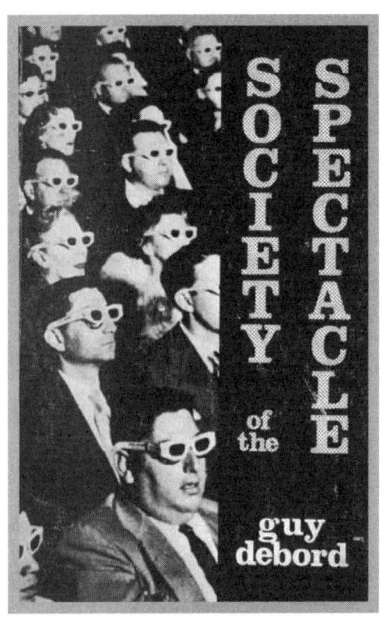

기 드보르의 '스펙타클의 사회'

20세기 프랑스의 급진적 지식인인 기 드보르는 『스펙타클의 사회』라는 책에서 소비자본주의사회의 이미지 과잉 현상을 비판한다. 비록 크리스테바는 기 드보르의 영향을 분명히 언급하지 않지만, 우리가 이미지에 압도당하고 그것에 흥분하고 대체당한다는 그의 견해에 공감을 나타낸다. 스펙타클의 사회에서 주체들은 자본주의사회의 천박함과 무의미함을 경험하는 대신, 이미지를 실제처럼 경험한다.

이것은 오늘날 인간이 처한 조건에 대한 유력한 진단이다. 우리는 우리의 영혼을 상실했다. 그 말의 기독교적 의미에서가 아니라, 우리가 더는 '내부의 정원inner garden'을 갖고 있지 않다는 의미에서. 내부의 정원은 우리의 실존이 지닌 의미를 느끼게 하고, 키우고 지키는 곳이다. 나중에 『새로운 영혼의 병』에서 그녀는 이 같은 관점에서 이에 대한 대안을 묘사한다.

> 나는 하늘에 닿아 있고, 하늘을 비추고, 서로를 비추고 우리를 비추는 유리와 강철 건물들이 어지럽게 서 있는 대도시를 그리고 있다. 과도한 화장을 하고 돌진하는 자신의 이미지에 빠져 있는 사람들과, 금과 진주, 훌륭한 가죽으로 치장한 사람들로 넘쳐나는 한편, 바로 옆의 뒷골목에서는 오물 더미가 넘쳐나고 마약이 사회적 부랑자들의 잠이나 분노와 함께하는 도시.
> 이 도시는 뉴욕일 수도 있고, 미래의 어느 대도시일 수도 있고, 심지어는 우리가 사는 도시일 수도 있다.
> 그러한 도시에서 우리가 무엇을 할 수 있는가? 어리석고 천박한 상징들에 불과한 상품과 이미지들을 사고파는 것 이외에는 아무것도 없다. 궁핍함뿐만 아니라 부유함조차도 경시하는 라이프스타일을 유지할 수 있거나 유지하고 싶어 하는 사람들은 '내부 영역inner zone', 곧 비밀스러운 정원, 사적인 방, 또는 더 단순하고 야심차게 말한다면 심리적인 삶을 위한 공간을 창조할 필요가 있을 것이다.(ibid : 27)

이 비밀스러운 정원이 어떻게 창조될 수 있는지에 집중하기 전에,

크리스테바는 스펙타클의 사회에서 살아가는 문제를 좀 더 얘기한다. 고통을 당하면서도 종종 고통을 겪는다는 것을 깨닫지 못한 채로 현대의 개인들은 한 병의 약이나 술로 치료를 받으려 하는데, 이는 신체를 위한 강장제로써 심리적 공간의 붕괴에 대처하는 것이다. '몸은 영혼의 보이지 않는 영토를 정복한다.'(ibid : 9)

크리스테바는 동시대의 심리적 공간의 상실과 이러한 상실을 마약과 알코올로 마비시키려는 충동을 슬퍼한다. 그리고 오늘날 사용되는 또 다른 종류의 마취제에 주목하는데, 그것은 드보르도 이미 본 적이 있는 것이다. (드보르는 크리스테바의 『새로운 영혼의 병』 초판이 출판된 해에 자살한다.) 스펙타클의 사회에서 최고의 마취제는 주로 대중매체의 형태로 나타나는 스펙타클 그 자체이다.

> 마약이 우리의 생명을 빼앗지 않는다면, 우리의 고통은 이미지들로 치유된다. 그리고 우리가 우리 자신의 영혼 상태에 대해 얘기할 수 있기 전에, 우리는 대중매체의 세계에서 그것을 잊어버린다. 이미지는 우리의 불안과 욕망을 부추기고 강렬하게 만들고, 그것의 의미를 보류할 만한 특별한 힘을 소유한다. 그것은 혼자 힘으로 활동한다.(ibid : 8)

매우 이상한 논리가 마취제 같은 사회에 존재한다는 점을 주목하라. 그것은 욕망을 만족시키는 동시에 욕망할 수 있는 주체의 능력을 빼앗는다. 스펙타클의 사회에서 궁극적으로 만족을 추구하는 과정은 주체를 그 자신에게서 소외시킨다. 드보르는 암묵적으로 독일의 철학자이자 혁명가인 카를 마르크스Karl Marx(1818~1883)를 도입하여

이 논리가 어떻게 경제적으로 현시되는지를 규명한다. 노동자 또는 생산자로서 그들이 가진 능력에서 사람들은 그들 자신을 소외시키는 수단을 생산한다. 드보르는 이렇게 쓴다.

> 노동자는 그 자신을 생산하지 않는다. …… 그는 독립적인 권력을 생산한다. 이 생산의 성공은, 그것의 풍요는 생산자에게 '박탈의 풍요abundance of dispossession'로 되돌아간다. 그 세계의 모든 시공時空은 그의 소외된 생산물의 축적과 함께 그에게 소원한foreign 것이 된다. 스펙타클은 이 새로운 세계의 지도, 바로 그것의 영토를 지키는 지도이다. (1983 : 31)

크리스테바는 이 논리의 심리학적 표현들에 초점을 맞춘다. 스펙타클의 사회에 대한 침잠은 심리적인 삶을 봉쇄하고 금지하고 심지어는 파괴하기까지 한다.(Kristeva 1995 : 8) 이 과정은 전통적인 증상을 가지고 정신분석가의 진료소를 찾아온 새로운 유형의 환자를 창조한다. 그러나 그들의 "영혼의 병"은 곧 그들의 히스테리적이고 강박신경증적인 유혹에서 벗어난다. '영혼의 병'이 반드시 정신병인 것은 아니지만 견딜 수 없는 외상들을 상징화하는 데서 정신병 환자의 무능력을 환기시킨다.'(ibid : 9) 그들에 대한 진정한 진단이 무엇이든지 간에 그들의 증상은 전부 '재현하는 데에서 무능력이라는 공분모를 공유한다.'(ibid) 따라서 크리스테바는 새로 생겨나는 두 종류의 소외에 주목한다. 하나는 자신들의 말에서 소외되는 우울증 환자들에게서 발생한다. 그들은 마치 자동화되어 있기라도 한 것처럼 말한다.

다른 소외는 자신의 신체와 맺는 관계 차원에서 발생한다. 크리스테바가 더 최근의 저작 『반항의 의미와 무의미 The Sense and Non-sense of Revolt』(1996년에 프랑스어로, 2000년에 영어로 출판된다.)에서 말한 것처럼 새로운 경제 질서 속에서,

> 개인에게 알맞은 것이 무엇인지를 살펴보는 것은 충분히 가치가 있다. ······ 생명공학에 직면한 개인의 지위를 고려해보라. 그/그녀는 현금으로 바꿀 수 있는 기관을 소유한 유기체로서 거래되기 때문에 권리를 가진 인간으로서의 인간 존재는 사라지는 경향이 있다. 우리는 주체의 시대를 떠나 유전형질을 소유한 개체의 시대로 들어간다.

크리스테바는 '유전형질을 소유한 개체the patrimonial individual'라는 이 이상한 구절을, 자신에게서 소외되어 자신의 신체를 어떤 다른 상속재산처럼 처리할 수 있는 상속재산(유전형질)으로 생각하는 개인을 함축하려고 사용한다.

'나'는 정신분석학에서 계속 주장하는 바처럼 주체성의 구원, 진정한 구원을 시도하는 주체도 아니고, 고전적 철학에서 주장하는 것처럼 초월적인 주체도 아니다. 대신에 '나'는 꽤 단순히 나의 유전적이거나 유기-생리적인 세습재산의 소유자일 뿐이다. '나'는 나의 기관들을, 최상의 상태에 있을 때만 그것을 소유한다. 왜냐하면 기관들을 강탈하여 파는 나라도 있기 때문이다. 전체적인 문제는 나의 세습재산이 대가를 지불받는지 아니면 공짜인지, '나'가 나 자신을 풍요롭게 할 수 있는지 아니면 이타주의

자처럼 인간성이란 명분으로 지불을 받지 않아야 하는지, 또는 '나'가 희생자로서 그것을 강탈당해야 하는지 등에 관한 것이다.(ibid)

현대의 주체는 자신의 신체에서 소외되고 동시대적 사회의 스펙타클에 마비되기 때문에 어떤 의미 있는 심리적인 삶에서도 단절된다. 주체는 자신의 영혼을 잃어버리고 있다. 그래서 주체에게는 현대적인 삶의 상징적인 질서에 대한 반항이 시급히 필요하다. 이런 이유들로 하여 크리스테바는 혁명, 정치적인 혁명보다는 문화적이고 심리적인 혁명을 요구하는 데 생애의 대부분을 보낸다. 궁극적으로 크리스테바는 그러한 혁명들이 결국에는 정치적 효과를 가져올 수 있는 유일한 것들이라고 믿고 있다.

반항 문화의 필요성

『반항의 의미와 무의미』의 시작 부분에서, 크리스테바는 독자에게 유럽의 반항 전통을 상기시킨다.

유럽인들은 문화가 비판적 양심이라는 의미에서 문명화되어 있다. 그것은 졸라Émile Zola의 논설「나는 고발한다J'accuse」, 그리고 바우하우스와 초현실주의, 아르토Artaud와 스톡하우젠Stockhausen, 피카소Picasso, 폴록Pollock과 프랜시스 베이컨Francis Bacon 등과 같은 형식적 반항을 언급하지 않더라도, 데카르트의 회의, 계몽주의의 자유사상, 헤겔의 부정성, 마르크스의 사유, 프로이트의 무의식 등을 생각하는 것만으로도 충분하다. 20세기 예술과 문화의 가장 위대한 순간들은 형식적이고 형이상학적인 반항의 순간들이다.(2000 : 6-7)

20세기 문화는 또한 어떤 점에서 반항에 대한 최악의 시대로서의 모습을 보여주기도 한다. 특히 악명 높은 소련 지도자 이오시프 스탈린Iosif Stalin(1879~1953)의 치세 때 반항은 '테러와 관료주의'로 빗나간다.(ibid : 7)

이 반항의 문화는 오늘날 소멸의 위기에 처해 있다. 그것은 '한편으로는 반 체제 이념의 실패와, 다른 한편으로는 소비자 문화의 쇄도'(ibid)라는 두 가지 난관에 봉착해 있다. 저술 경력 전체에 걸쳐서 나타나는 크리스테바의 부단한 관심은 반항의 필요성에 놓여 있다. 1974년의 저서 『시적 언어의 혁명』에서, 크리스테바는 아방가르드 시인들이 상징적 담론의 고정된 의미에 반항하는 방법을 고찰한다. 그리고 기호적으로 방출된 언어의 혁명적 가능성을 살핀다. 그녀는 문학 텍스트를 죽은 유물(얇은 언어적 층들의 단순한 창고, 구조들의 자료집)로 취급하지 않고, 그 텍스트들이 '생산적인 폭력'(1984 : 16)을 제공하는 방법들을 생각한다. 그녀의 손에서 "텍스트는 정치적 혁명과 비교될 수 있는 실천, 타자가 사회 속에 끼워넣은 것을 주체에게 가져오는 것", 즉 변형이다. 반항은 '주체와 사회의 외부적 '경계들'로의 이동을 구조화하고 탈구조화하는 '실천'이다. 그 다음으로는, 오직 그 다음에만 반항은 희열과 혁명이 될 수 있다.'(ibid : 17)

반항은 정신과 사회에 필수적이다. 『반항의 의미와 무의미』에서 그녀는 쇼 문화가 반항의 문화를 대신하도록 해서는 안 된다고 주장

한다. 정신분석이 보여주는 것처럼,

> 행복은 오직 반항의 대가로만 존재한다. 우리 중 그 누구도 장애, 금지, 권위 또는 법률과 맞서지 않고서는 즐거움을 누릴 수 없다. 그것들은 우리가 우리 자신을 자율적이고 자유로운 존재로 인식할 수 있게 한다. 행복의 개인적 경험을 동반하여 나타나는 반항은 쾌락 원칙의 필수적인 요소이다. 더욱이 사회적 차원에서 정상화 질서는 전혀 완전하지 않다. 그것은 젊은 실업자와 할렘가의 빈자들, 노숙자와 실직자, 그리고 많은 타자들 사이의 외국인 등과 같은 소외 계층을 지원하지 못한다. 소외 계층이 반항의 문화를 갖지 않고, 즐거움의 요구를 결코 만족시켜주지 않는 이데올로기와 쇼와 오락 등에 안주해야 할 때, 그들은 폭도가 된다.(Kristeva 2000 : 7)

그래서, 관료주의와 테러, 쇼 문화 등이 반항에 가한 억업을 고려한다면, 오늘날 어떤 종류의 반항이 있을 수 있는가? 크리스테바는 좀 더 최근의 저서 중 세 개의 저서를 이 질문으로 시작한다. "오늘날 어떤 반항이 가능한가?" 그녀는 1990년대 중반에 정신분석학의 힘과 한계를 다룬 시리즈 중 첫 저서인 『반항의 의미와 무의미』, 1996년 시리즈의 두 번째 저서 『사적인 반항 La révolte intime』, 그리고 1997년의 짧은 책 『반항의 미래 L'avenir d'une révolte』의 시작 부분에서 각각 이 질문을 제기한다. 그녀는 이 질문을 서로 다른 시각에서 제기한다. 『반항의 의미와 무의미』에서는 심리적인 삶을 개발하고 유지하는 데 반항이 필요하다는 점에 초점을 맞춘다. 1996년의 저서 『사적인 반항』에서는 친밀성의 경험을 위한 반항의 필요성을 탐구한다.

그리고 1997년의 저서 『반항의 미래』에서는 정신분석과 문학에 나타난 자유의 경험이란 관점에서 반항을 고찰한다.

오늘날 어떤 반항이 가능한가? 새로운 어떤 것, 소설 또는 분열적인 것 등이 즉각 동일한 것으로 흡수되는 시대에 이것은 참으로 절박한 질문이다. 크리스테바가 질문하듯, 쇼 문화가 반항 문화를 밀어낸 세계에서 과연 어떤 반항이 있을 수 있는가?

그래서 우리는 혁명을 원하는가?

앞에서 언급한 대로, 반항에 대한 크리스테바의 초기 작업은 아방가르드 문학의 혁명적 가능성에 주목했다. 그러나 1990년대에 이르러 그녀는 이러한 접근법의 한계를 보았다. 그것은 텍스트 분석이 프랑스와 미국의 우수한 대학들에서 일종의 정론이 되었고, 그녀의 말을 따르자면 "하나의 의미가 다른 의미로 다시 태어나는 소생의 원칙뿐만 아니라 쾌락의 원칙을 포함하는"(2000 : 8) 경험에 주목할 때가 되었기 때문이다. 그녀의 주요 출발점은 프로이트 이론이고, 그것이 미적 경험과 마찬가지로 정신분석적 경험을 말해야 하는 이유이다.

프로이트는 두 종류의 반항을 보여준다. 오이디푸스적인 반항과 원초적 과거로의 복귀. 첫 번째 종류, 즉 오이디푸스적 반항은 정신이 구조화되는 방법으로 이해될 수 있다. '오이디푸스 콤플렉스와 근친상간의 금기는 말하는 존재의 정신을 조직한다.'(ibid : 12) 달리 말해서, 각 개인의 정신이나 성격은 그/그녀의 어머니에 대한 그/그녀의 욕망, 그리고 이 욕망을 검열하는 금기에 대응하면서 발달한다는 것이다. 오이디푸스적 반항은 또한 역사적으로, 최소한 문명화가 어떻게 아버지의 권위에 대한 반항으로 발생했는지에 대한 프로이트의 역사적 설명으로 이해될 수도 있다.

『토템과 터부Totem and Taboo』에서 프로이트는 지도자이자 아버지인 한 남성이 모든 여성을 차지한 원시사회의 허구적 이야기를 말한다. 아들들은 아버지를 죽였고, 그래서 그들은 아버지처럼 이 여성들에게 접근할 수 있었다. 그러나 그 후 영원히, 모든 후속 세대를 포함하여 그들은 죄의식에 시달렸고, 그래서 자신들의 죄를 보상하고자 속죄, 자기 부인, 희생 등의 제의를 치른다. 크리스테바의 요약에 따르면, '프로이트는 문명화의 기원을 아버지 살해에 두는데, 이것은 모든 세대에 걸친 오이디푸스의 전승과 영속성이 계통 발생적인 가설에 근거해 해석될 수 있음을 의미한다.'(ibid)

각 세대뿐만 아니라 각 개인도 어머니의 몸에 계속 접근할 수 있는 방법으로 아버지 살해를 상상할 때 이 오이디푸스적 반항을 재연한다. 그러나 그 결과는 죄의식과 근친상간의 금기이며, 혁명의 완전한 종말이다. '프로이트가 제시한 이 논리, 종교적이고 사회적이며 예술적인 인간을 특징 짓는 이 논리는 이제 임계점에 도달하지 않았는가? 아마도 이것은 우리가 어디에 있는가 하는 문제이다. 우리는 죄의식이나 책임감을 느끼는 것이 아니라 결과적으로 반항할 수 없는 상황에 이르렀다.'(ibid : 15)

크리스테바는 프로이트의 두 번째 반항, 즉 원초적 과거로의 복귀를 프로이트가 1936년 스위스의 철학자이자 정신분석의인 루드비히 빈스방거Ludwig Binswanger(1881~1966)에게 쓴 편지에서 찾는다.

자신의 임상학적이고 과학적인 사고와 모두 상당히 다르게 보이는 빈스방거의 철학적 비약과 형이상학적 고찰에 반대하면서 그는 이렇게 쓴다.

"나는 언제나 건물의 1층이나 지하실에서 살았다. …… 그 점에서 당신은 보수주의자이고, 나는 혁명가이다. 만약 내게 아직 일할 시간이 있다면, 나는 그 고귀한 사람들에게조차 내 낮은 집에 거처를 마련해줄 것이다."(풀이하자면, 당신은 매우 고귀한 사람이다. 나는 황송하게도 내게 약간의 관심을 가져주는 당신 같은 사람들에게 이 지하실의 거처를 제공하고 싶다. 이곳에서 나는 혁명적인 정신을 발전시키고자 노력하고 있다.)(ibid)

여기서 크리스테바는 "'낮고', '혁명적인' 집의 이미지와, 무의식이 보이지 않고, 감춰져 있으며, 낮은 것으로 표현되는 프로이트의 일련의 고고학적 이미지들 사이의 접합"을 본다. 그녀는 프로이트가 사용한 '혁명적revolutionary'이라는 말은 "도덕적인 반항과는 아무 상관이 없으며 정치적 반항과는 더더욱 거리가 멀다."고 주장한다. 그것은 대신에 "정신분석이 원초적 과거로 접근하여 의식적인 의미를 전복할 수 있는 가능성"(ibid)을 의미한다.

프로이트의 혁명적인 작업이란 "무시간성으로서의 불가능한 시간성"(프로이트의 1990년 저서 『꿈의 해석 The Interpretation of Dreams』에 따르면 무의식은 시간을 의식할 줄 모른다.)을 추구하는 데 있다. 크리스테바의 판단으로 보자면 '프로이트는 잃어버린 시간을 찾는 혁명가이다.'(ibid : 16) 예컨대, 프로이트의 기이함(낯섦das Unheimliche) 개념은 우리의 시간적 토대를 뒤흔들고, 우리로 하여금 정상화 질서에서 상실했거나 망각한 시간에 접근할 수 있도록 하는 경험을 가리킨다. 크리스테바는 이런 종류의 반항이 어떻게 미학적이고 분석적인 경험에서 활동하는지를 탐구한다.

> 무시간적 시간성으로의 접근과 마찬가지로, 원초적 과거로의 복귀 또는 접근은 …… 자비를 베풀고자 우리를 맞을 준비를 하고 있다. 프로이트가 말한 대로 낮은 집에서 자비롭고 관대하고 친절하게, 아무런 사심 없이 우리를 환영하는 사람이야말로 훌륭한 분석가가 아닌가? 이것은 우리를 우리 자신의 '낮은 집lowly dwelling'으로 접근할 수 있도록 해주는 혁명적인 사람을 의미한다.(ibid)

크리스테바의 말에 따르면, 분석적 경험에서 발견되는 이 두 종류의 반항은 반항의 세 양상을 암시한다.

- 금지의 위반으로서의 반항
- 반복, 통과, 가공으로서의 반항
- 대체, 결합, 유희로서의 반항

크리스테바는 반항에 대한 대부분의 저술을 점유하는 이 주제를 세 명의 20세기 작가들을 분석하는 데 사용한다. 실존주의자 장 폴 사르트르Jean-Paul Sartre(1905~1980), 초현실주의 시인 루이 아라공Louis Aragon(1897~1982), 이 책의 도입부에서 언급된 이론가 롤랑 바르트 등이 그들이다. 이 작가들은 반역 문화와, 지금은 소멸 위기에 처해 있지만 우리가 추구하기만 한다면 아직도 가능한 반항 문화의 전형적인 예에 해당한다. 이 세 작가는 모두 그들의 혁명적인 텍스트들에서 하나의 초점, 즉 "성sex과 의미의 동일성, 사상과 정치의 동일성, 존재와 타자의 동일성 등과 같은 동일성에 대한 반항"이라는 초점을 공유한다.(ibid : 18)

예를 들어, 크리스테바는 바르트에게서 반역을 보는데, 그것은 그의 "우아하고 내성적인 성격"에도 불구하고, 그가 다른 사람들은 본래적이라 생각하는 (패션의 '텍스트text'를 포함하여) 텍스트들의 의미를 해체하고 대체하는 것을 추구하는 방법 때문이다.(ibid : 188-189) 바르트는 어떤 가정된 의미의 본래성naturalness과도 대립한다. 그는 어떤 해석자의 통일성뿐만 아니라, "의미 그 자체의 가능성"에 의문을 제기한다. 크리스테바의 말에 따르면 그는 '의미를 갖거나 의미를 구하는 통일체, 곧 '나', '우리'가 과연 존재하는가?'라고까지 묻는다.(ibid : 189) 바르트의 반항은 생산물로서든 아니면 생산자로서든 의미의 통일성에 대한 것이다.

그런데 바르트의 반항이든 아니면 크리스테바가 생각하는 다른 작가들의 반항이든지 간에, 그러한 반항은 완전히 성취될 수도 없고 성취되어서도 안 된다. 왜냐하면 그것은 결과적으로 통일성 있는 말하는 존재가 될 모든 가능성의 종말을 초래하기 때문이다. 말하는 존재는 자신들의 동일성을 유지해야 할 심리학적이고 생물학적인 필요가 있다. 그러나 동시에 그들은 "자신의 '고유성'과 '동일성', 진실과 거짓, '선'과 '악' 등에 영향을 주는 구조들"을 완화시켜야 한다. 그래야 그들은 죽지 않을 수 있는데, 그것은 '유기체와 마찬가지로 상징적 조직체들도 혁신과 기쁨이란 조건에서 유지될 수 있기' 때문이다.(ibid : 18) 크리스테바는 아라공, 사르트르와 바르트 등에게서 희망을 본다. 왜냐하면 그들이 보여주는 '유일성에 대한 반항revolt against the One'은 다음과 같은 점을 암시하기 때문이다.

주체성의 또 다른 구조화. 우리가 단호하게 말할 수 있는 또 다른 인간성은 그들의 사고에서뿐만 아니라, 이것은 현상의 깊이를 나타내므로 중요한데, 그들의 언어에서도 들을 수 있다. 언어의 의미에 맞섬으로써 인간성을 양육하는 형이상학 및 종교와 대적하는 모험을 감행하는 인간성이 바로 그것이다.(ibid)

그래서 크리스테바는 적어도 새로운 인간성에 대한 희망을 포기하지 않는다. '새로운 인간성new humanity'이란 각 개인이 자신의 특수성을 표현할 수 있는 동시에 종족의 일원이 될 수 있는 인간성을 말한다. 인간 각자는 자기 종족이 전해준 언어의 한계를 밀고 나감으로써 자기만의 독특함을 주장할 수 있다. 크리스테바는 우리의 시대가 우리에게 넘겨준 선택의 난관, 즉 보편적인 인간 권리를 주장하든가 아니면 독특한 정체성의 차이를 주장하든가 하는 양자택일의 곤경에서 벗어날 길을 찾아간다. '동일성의 필요를 전경화하는 체계에로의 억압적 복귀가 다시 부상하고 있다. 국가주의, 전통주의, 보수주의, 근본주의 등등. 사상은 문서 창고에 저장되는 것이 고작이다. 우리는 창고 속의 재고를 찾아 다투고, 박물관 같은 문화나 대중적인 취향의 오락 문화 속에서 과거의 유물 앞에 무릎을 꿇고 있다.'(ibid : 19) 크리스테바는 더 많은 어떤 것, 말하자면 반항이 '열정과 회의의 가능성, 탐구의 즐거움'(ibid)을 살아남게 할 수 있는 인간성의 기회가 아직도 존재한다고 믿는다.

혁명에 대한 이 모든 논의가 끝나고 나면, 독자는 이상하게 여길지도 모른다. 반항에 대한 크리스테바의 사고가 어떻게 정치적이란 말인가? 켈리 올리버는 '『공포의 권력』에 나타난 시적 혁명의 미학화'를 언급하며, 크리스테바가 정치학에서 물러났다며 그녀를 비난한다. 올리버는 이렇게 기술한다.

> 초기 작업에서 크리스테바는 시적 언어의 혁명을 정치적 혁명으로 묘사하는 반면, 『공포의 권력』에서 그 혁명은 순전히 미학적 혁명이 되어버린다. 미학적 경험과 정치적 혁명 사이에는 어떤 관계가 존재함에도 불구하고, 크리스테바는 그 관계를 자기 텍스트에서 충분히 해명하지 않는다. (1993 : 10-11)

1970년대 중반에 이르러 크리스테바는 거시적 정치학에서 물러나, 특히 정신분석의로서의 직업을 끌어들여 개인 차원의 정치학으로 방향을 전환한다. 여러 인터뷰에서 그녀는 자신이 거시적 정치학을 연구하다가 미시적인 차원의 정신분석학적 작업으로 전환했다고 말한다. "나는 정치적 문제를 일반적인 담론으로 접근할 수 있다고 생각하지 않는다."(Guberman 1996 : 24) "기본적인 전제를 다시 취하여 작은 것들, 작은 개념에서 출발하는 것이 더 낫다."(ibid : 15)

마오쩌둥 사상으로 무장한 '새로운 인간'
'마오이즘'은 20세기 초 중국공산당 지도자인 마오쩌둥이 마르크스-레닌주의를 중국의 현실에 맞게 발전시킨 독자적인 혁명사상이다. 마오쩌둥은 이 혁명사상에 따라 1966년부터 10년간 극좌 사회주의 운동인 '문화대혁명'을 지휘했다. 크리스테바는 1974년 마오이즘에 매료되어 3주간 중국을 여행한다. 그러나 크게 실망하고 난 뒤 거시 정치와 결별한다. 중국 여행 이후 크리스테바는 '우리가 한 번도 가본 적이 없는 유일한 대륙', 곧 정신분석학으로 연구 진로를 전환한다. 마오쩌둥 사망 후 중국공산당 역시 문화대혁명이 '극좌적 오류'였다는 공식적 평가를 내렸다.

크리스테바는 역사의 장대한 문제를 취하는 것보다 "말하는 존재를 구성하는 최소 요소들"에 주목하는 것을 더 좋아한다.(ibid) 마오쩌둥 사상을 거부한 이후로 그녀가 관심을 가진 "구체적인 문제들"이란 사랑, 멜랑콜리, 아브젝시옹 등이다. 그녀는 이것들이 개인적인 문제일 뿐만 아니라 정치적인 문제라고 본다. 그녀는 "나는 정신분석가로서의 작업이 현미경적이고 개인적인 의미에서 정치적인 작업이라고 생각한다"라고 말한다.(ibid : 42)

반항을 다룬 최근 저작들에서 크리스테바는 심리학적인 반항과 사회적 반항을 구분한다. 이 두 반항이 별개라고 해도, 그녀는 둘 다 절대적으로 중요하다고 생각하는 것 같다. 대부분의 정치적 혁명 이론가들과 달리, 크리스테바는 동일성·동질화·스펙타클·법 등에 반항하는 심리학적인 반항의 근본적인 필요성을 지적한다. 그녀의 주장에 따르면, 내적인 영역, 비밀스러운 정원, 정신의 삶 등을 살아 있도록 하지 않으면 의미 있는 정치적 반항의 가능성은 거의 없다. 개인이 자신의 특수성과 영혼을 지키지 않는다면 어떤 혁명이든 관료 체제화와 테러로 나아갈 것이다. 최소한 20세기의 많은 "혁명"들, 그리고 우리 시대의 국가주의자와 소수민족의 봉기가 주는 교훈이 바로 이것이다.

행복은 반항의 대가이다!

반항을 다룬 저작에서 크리스테바는 반항 문화의 필요성을 보여준다. 반항이 없다면, 인간의 영혼은 위축되고 쇠락할 위기에 처할 것이다. 심리적 공간 또는 내부 영역을 창조하고 유지하려면, 말하는 존재가 쇼 문화와 완고한 상징적 구조들, 동종적인 정체성에 반항해야 한다. 크리스테바는 미학적이고 정신분석학적인 경험을 도입하여, 말하는 존재가 어떻게 혁신과 반항의 가능성을 살려낼 수 있는지를 보여준다.

크리스테바 이후

Julia Kristeva

크리스테바의 한계와 효과

크리스테바는 간혹 자신을 외국인 혹은 이방인에 비유한다. 모국어인 불가리아어가 아닌 다른 말을 사용하고, 늘 타자로 간주되는 나라에서 살기 때문이다. 비록 다섯 살 전부터 프랑스어를 배우기 시작했다고 해도, 그녀의 동유럽적인 용모와 억양은 그녀가 "동일한 것the same"의 일부가 아님을 드러내고, 그 결과 그녀는 다른 외국인과 마찬가지로 동일성과 질서에 대한 위협으로 보일 수 있다.

그녀는 자신을 불침번 서는 국외자로서, 현상 유지를 파괴하고 동요시키는 사람으로 묘사한다. 이것은 부분적으로 그녀의 텍스트들이 지닌 어려움으로 나타난다. 그녀가 쓴 텍스트들은 상당히 학식 있는 독자들의 기를 꺾고, 텍스트를 읽으라고 요구한다. 이런 이유로 그녀의 이름이 그 이론이 지닌 정교함보다 더 유명해졌는지도 모른다. 그런데 바로 이 점이 그녀의 영향력에 뜻밖의 한계를 설정한다.

이 한계는 범위의 문제가 아니다. 그녀의 작업은 철학, 심리학, 여성주의 이론, 예술 비평, 문화 연구, 특히 문학 이론 등에서 사용되어 왔다. 감히 말하건대 한계는 침투력의 문제이다. 어떤 분야에서든지 크리스테바의 접근은 도입할 수 있는 여러 접근법 중 하나이지만, 그 접근법이 다른 접근법보다 더 큰 영향력을 발휘한다고는 보이지 않는다. 이론 연구의 목표가 '일반적인 것au courant'에 있는 것이라면, 우리는 줄리아 크리스테바와 함께 분투하지 않고 그 곁을 떠날 것이다. 훨씬 더 평탄한 학문적 접근법도 많은데······.

그러나 우리의 목표가 다른 데, 주어진 인간 노력의 영역에서 소위 '문화'와 '자연'의 교차점을 고찰하는 데 있다면, 크리스테바 읽기는 큰 성과를 낼 것이다. 다양한 분야들을 가로지르는 여러 이론가들이 말하고 욕망하며 과정 중에 있는 주체가 어떻게 예술과 문학, 춤과 철학, 신학 등에 영향을 끼치는지를 연구하고자 크리스테바의 작업을 끌어들인다.

신체, 텍스트, 여성

크리스테바의 작업이 가장 큰 영향을 끼친 분야는 아마도 문학 이론과 여성주의적 사고일 것이다. 문학 텍스트가 다시는 결코 어떤 기호적 방해 없이, 또는 어떤 고정된 의미로 명료하게 의미화하는 것으로 취급될 수 없다는 크리스테바의 인식에 수많은 문학비평가들이 매료되었다. 역동적인 말하는 존재의 창조처럼, 문학 텍스트들도 작가와 독자 양쪽의 주체성의 분열(또한 회복)을 예고한다. 영어권 국가만을 언급한다면 주디스 버틀러, 메릴린 에델스테인Marilyn Edelstein, 앨리스 자딘Alice Jardine, 리사 로웨Lisa Lowe, 틸로타마 라얀Tilottama Rajan, 프랜시스 레스투시아Frances Restuccia, 재클린 로즈, 에바 지아렉Ewa Ziarek 등을 포함하여 캐나다, 미국, 영국, 오스트레일리아와 뉴질랜드 등지의 수많은 문학비평가들이 크리스테바를 연구하고 있다.

예를 들어 뉴질랜드의 영문학자인 애너 스미스Anna Smith는 문학 이론에서 크리스테바의 효과, 특히 문학이 독자들에게 줄 수 있는 교란 효과를 다루는 책을 썼다.(Smith 1996) 현재 영미권 대학에서 크리스테바의 작업은 문학 이론 교과 과정의 정규 과목이고, 또 하자드 애덤스Hazard Adams와 르로이 설Leroy Searle이 편집 저술한 『1965년 이후의 비평 이론Critical Theory Since 1965』을 비롯한 비교문학 세미나에서 쓰이는 선집에 포함되어 있다. 미국현대언어학회의 정기 회합에서는 토론자들이 크리스테바의 작업에 열중한다. 크리스테바는 또한 '철학과 문학 국제학회'를 포함하여 문학 이론 회의에 연사로 초청받기도 한다. 짐작할 수 있듯, 크리스테바의 작업은 조앤 브란트Joan Brandt와 수잔 굴락Suzanne Guerlac을 비롯하여 프랑스 문학을 연구하는 학자들에게도 영향을 주었다.

또 다른 경험 영역으로 관심을 돌려보자면, 이 책의 5장과 6장은 크리스테바의 작업이 어떻게 신성불가침의 구분을 정반대로 보는 방식으로 여성주의 이론을 흔들어 깨우는지를 보여주었다. 크리스테바는 '성sex'과 '성별gender' 구분을 거부하며, 이 용어들이 각각 재현하는 생물학과 문화는 결코 깔끔하게 구별될 수 없다고 주장한다. 그것들은 항상 우리의 일상적인 생활 경험 속에서 비늘 모양으로 겹쳐져 있고, 톱니바퀴처럼 맞물려 있다. 따라서 크리스테바는 생물학적이고 성적인 차이의 중요성을 믿는다. 특수한 성적 존재가 되는 것에 수반되는 육체적인 경험, 그리고 육체적으로 활성화된 경험과 관련한 차원이 존재한다고 말이다.

그러나 이 차원이 전적으로 생물학적인 것은 아니다. 우리의 육체적 경험은 문화에 진입할 때, 즉 우리가 해석하고 말하기 시작할 때만 의미 있는 것이 될 수 있기 때문이다. 크리스테바가 생물학과 문화에 적용한 프랑스 탈구조주의적 취급 방법은 많은 영미 여성주의자들의 설명보다 훨씬 더 섬세하고 함축적이다. 이로 인해 그녀의 작업과 관련하여 많은 오해의 여지가 생긴다. 이 책 5장에서는 이 오해들 중 하나, 말하자면 크리스테바를 본질주의로 보는 잘못된 인식을 논의한 바 있다.

로스 구버먼Ross Guberman과의 인터뷰에서, 크리스테바는 차이와 보편주의에 대한 프랑스와 미국의 개념적 거리를 검토한다. 미국의 경험은 정치적으로 말하자면 "두 성의 분리를 확립하는 데 있다. 여성은 분명히 그들의 '차이' 때문에 소외되었지만, 이 차이는 감수성이나 모성성에 제한되어 있지, 공유된 사회적 참여를 위해 노력하지 않는다."(Guberman 1996 : 268) 반면, 프랑스 여성은 국가의 목소리의 일부로 포함되어왔고, 그것이 그들에게 통치자의 정치적 권위에 도전할 수도 있는 공적인 의견을 표현할 수 있게 한다. 그러나 이를 위해 프랑스 여성은 자신들의 특수성을 대가로 치르고 보편성을 획득했다. 이 경험들에 대한 반응은 두 나라에서 각각 다르게 나타났다. 그러나 미국의 여성주의자들이 본질주의를 닮은 것이면 무엇에든지 간에 민감하게 반응하는 까닭은, 아마도 그들의 경험상 여성이 그 '본질적인' 차이 때문에 정치적 자율성을 부정당했기 때문일 것이다. 그래서 생물학을 언급하는 것에는 항상 모험이 뒤따른다. 그러나 크리스테바는 이 모험이 왜 중요한지를 분명히 하고자 한다.

여성성에 대한 사유, 그러나 또한 (어떤 면에서든 규범에서의 단순한 '일탈'이라고 할 수 없는 시적 언어와 동시대의 예술 및 시와 같은) 다른 차이의 문화적 경험에 대한 사유는 나로 하여금 기호계와 상징계의 개념을 명료화하도록 만든다. 모든 말하는 존재에게 상징계는 그가 속한 집단의 다른 구성원들과 맺는 '보편적인' 결속의 지평이고, 그 사람의 국어의 기호와 통사에 뿌리를 두고 있다. 기호계는 초언어적이다. 그것은 어머니와 생물학에 의존하는 의미와 충동들의 원초적 표상들로 구성된다. 남녀 모두 '다르'면서 '보편적'인, 단일하면서 양립적인 존재가 되고자 그들의 심리 구조와 역사에 따라 상이한 방식으로 이 구성 요소들을 결합한다.(ibid : 268-269)

남성과 여성, 즉 우리는 모두 어머니에게서 태어난 이상 '코라'와 은밀하게 연관되어 있고, 상징적으로뿐 아니라 기호적으로 의미화할 것이다. 크리스테바는 기호계를 여성의 본질로 특징 지어온 사람들에게 이의를 제기한다. 그녀는 그것이 환원론적이라고 지적한다. '나의 목표는 차이를 보편적인 것의 한가운데 기입하고, 전쟁보다 훨씬 더 어려운 것에 공헌하는 데 있다. 그것은 약간의 행운만 주어진다면, 남성과 여성, 때때로 충돌하는 욕망을 지닌 두 인간 종족이 서로 상대를 이해할 수 있는 방법을 발견하게 될 가능성이다.(ibid : 269)

크리스테바와 정치학

나는 먼저 정치철학자로서 크리스테바에게 관심을 가졌다. 왜냐하면 나는 인간 존재가 된다는 것이 무엇인지, 내가 알기로는 그 자신의 정신을 잘 아는 개인에 대한 계몽주의적 설명과는 일치하지 않는 상태에 대한 정직한 설명을 찾고 있었기 때문이다. 나는 나 자신과 타자들이 충동, 욕망, 에너지, 갈등, 숨겨진 심연 등으로 분열된다고 알고 있었다. 나는 어떠한 장밋빛 안경도 쓰지 않고서, 인간 경험과 작인들의 복잡성을 설명할 수 있는 길을 구하고자 했다. 인간이 민주주의의 정치적 행위자일 수 있는지를 판단하는 데 쓰일 수 있는 그러한 설명 말이다. 그러던 차, 주체성에 대한 크리스테바의 견해는 그 복잡성과 이론적 추상성으로 인해 상당히 '진실하다'는 인상을 주었다.

말하는 존재로서 우리는 기호적이고 상징적인 과정들의 주체이며, 또한 그 과정들에 종속되어 있다. 우리는 타자들과의 관계로써 만들어지고 다시 만들어지는 개방적 체계들이다. 우리의 미학적이고 문학적인 창조 또한 부수적으로 우리가 우리 자신을 창조하고 재창조하는 방법이다. 우리의 감정은 우리의 지성만큼이나 중요하다. 우리는 항상 우리의 의도에 통제되는 것은 아닌 욕망의 변화에 종속된 육체화된 존재들이다.

다른 사람들은 인간이 정확히 이러한 토대 위에 존재한다고 보는 크리스테바의 설명을 거부한다. 그들은 공적으로, 그리고 사적으로 크리스테바의 설명이 옳다면 민주적인 삶은 불가능하다고 말한다. 그 같은 비평가들은 자신들의 희망을 고수하고자 크리스테바에게 "아니다"라고 말해왔다.

크리스테바의 작업을 다룬 최초의 영어 평가물에 속하는 한 텍스트에서, 문학비평가 토릴 모이는 그녀의 작업을 분명하고 공정하게 평가한다. 그러나 평가를 끝내면서 자신이 크리스테바의 이론에서 정치적인 실패라고 여기는 바를 근거로 크리스테바를 비난한다.

'혁명적' 주체에 대한 크리스테바의 설명에서 나타나는 한 가지 문제는 혁명적인 작인의 문제를 소홀하게 다룬다는 점이다. 누가 또는 무엇이 크리스테바의 전복적인 체계에서 작용하는가? 정치적인 맥락에서 볼 때, 무의식적인 힘으로서의 기호계를 강조하는 것은, 어떤 '집단적인' 혁명 기획의 한 부분임이 틀림없는 의식적인 결정 과정에 대한 분석을 가로막는다. 조직과 연대의 문제보다는 오히려 부정성과 교란에 대한 강조가 사실상 크리스테바를 무정부주의적이고 주관주의적인 정치적 위치로 이끌어간다. 그리고 이 점에서 나는 그녀의 시학을 '정치적으로 불만족스럽다'고 비난한 마르크스 여성주의 문학 선집과 의견을 같이한다. 앨런 화이트Allon White 또한 크리스테바의 정치학은 영원히 자기 추방 상태에 놓인 정화된 무정부주의로 남아 있다고 주장하며 그 정치적 무력성을 비난한다.(1985 : 170)

이 인용문에서는 두 가지의 비평이 제기되었다. (1) 크리스테바가 사회주의자가 아니라는 오히려 흥미롭지 않은 사회주의 비평과 (2) 크리스테바적인 주체는 자신의 관심과 목적을 완전히 인식하지 못한다는 더 흥미로운 비평. 기호계가 무의식적인 힘이라면 행위자가 완전히 의식적인 것은 아니다! 모이는 '결국, 크리스테바는 주체와 사회의 관계를 설명해내지 못한다.'고 기술한다.(ibid : 171)

또 다른 예를 들자면, 가장 신랄한 크리스테바 비판자로 꼽히는 철학자 낸시 프래저의 글이다. 프래저는 '크리스테바의 쪼개진 주체의 어느 한쪽도 여성주의적인 정치적 행위자가 될 수 없다.'고 쓴다.

또한 내 생각으로는 두 반쪽은 결합될 수 없다. 오히려 그것들은 단지 서로를 지워버리는 경향이 있다. 하나는 다른 하나의 동일화 요구를 끊임없이 분쇄하고, 다른 하나는 끊임없이 전자를 회복하여 그 자신을 이전처럼 재구성한다. 그 결과는 어떤 확고한 실천적인 쟁점도 없이 동일성과 비동일성 사이를 무력하게 오가는 동요이다. (1992 : 189)

프래저는 크리스테바의 과정 중에 있는 주체 이론을 개인적으로나 집단적으로나 정치적 작인으로서는 비생산적인 것이라고 본다. 프래저는 이러한 이유로 여성주의자들은 크리스테바와 "최소한의 거래"만 해야 한다고 주장한다.

문학비평가 에바 지아렉과 나는 둘 다 서로 다른 작업에서 프래저의 비판에 대응하여, 크리스테바의 함축적인 정치 이론에 "아니다"라고 말하는 것은 실수를 범하는 것이라고 주장한다. 오히려 크리스테바의 이론은 주체로 하여금 그 자신의 동일성을 재고하고 그 과정에서 타자와 더 화해적이고 개방적인 관계를 맺도록 하기 때문에 정치적으로 유망하다. (McAfee(1993), McAfee(2000b), Ziarek(1995), Ziarek 2001) 등을 보라.) 국가주의와 외국인 혐오증을 저술하는 다른 정치 이론가들은 크리스테바의 아브젝시옹 작업을 꽤 많이 도입해왔다. (예를 들어, 올리버(1993)의 책에 실린 노마 클래어 모루지Norma Claire Moruzzi의 에세이와 모루지(2000)를 보라.)

토릴 모이가 크리스테바의 초기 시절에 글을 썼다는 점을 고려하면 그의 비판을 다소 이해할 수 있다. 그러나 이 책에서 개관한 것처럼, 과거 20년 동안 이루어진 크리스테바의 작업은 물질주의 사회가 낳은 새로운 영혼의 질병에 대한 관심에서부터, 스펙타클 사회에서 겪는 영혼의 쇠약화에 이르기까지 훨씬 더 사회적인 문제들을 망라해왔다. 모이가 분석한 텍스트들에서조차 우리는 크리스테바가 철두철미 "주체와 사회"의 관계에 관심이 있음을 볼 수 있다.

말하는 주체가 그들의 세계에서 협상하고/세계의 의미를 파악하는 방식에 대한 연구가 아니라면, 크리스테바의 말하는 주체 이론은 도대체 무엇이란 말인가? 5장에서 논의했던 것처럼 프래저가 끌어들인 사회주의 비평은 궁극적으로 사람들이 어떻게 집단적으로 세계를 변화시킬 수 있는지를 직접적으로 설명하지 않는 이론이라면 어디에서라도 발견되는 어려움에 의존한다. 그것은 주체가 어떻게 자신의 의도를 확신하지 못하게 되는지 검토하는 이론들을 거부한다. 특히 그러한 이론들이 그것이 인간 조건의 일부라고 암시하는 경우에는 더더욱 그러하다. (모이가 깊이 숙고하지도 않고 크리스테바를 거부하는 것은 아니라는 점에 유의하라. 그녀의 비판은 단지 일종의 경고로서 제공된다.)

크리스테바의 기획을 문화와 자연(또는 사고와 섹슈얼리티, 그녀가 때때로 이것을 이중성이라고 부르는 것처럼)이 어떻게 늘 얽혀 있는지를 해명하려는 기획으로 이해한다면, 우리는 그녀의 글쓰기를 주체가 언제나 사회적인 장에서 활동하고, 그리하여 항상 어느 정도는 "정치적"이라는 점을 보여주기 위한 방법으로 볼 수 있다. 그럼에도 불구하고 크리스테바는 정치학과 양가적인 관계에 있다. 이 책의 도입부 〈왜 크리스테바인가?〉에서 논의한 것처럼, 크리스테바는 1974년 중국 여행 이후에 "거시적 차원의" 정치학과 결별한다. 이어서 그녀는 주로 정신분석학적 관점을 통해 미시적 차원에서 개인의 정치학으로 방향을 돌리겠다고 말했다. 그리고 정신분석은 대체로 개인에게 맞춰진 기획이라는 점을 지적해둘 필요가 있다. 그러나 우리가 이미 본 것처럼 크리스테바의 개인은 늘 사회적인 장 속에, 개방적인 체계 속에, 적당한 때에 사랑하는 관계 속에 존재한다. 그래서 현역 정신분석의로서 크리스테바는 미시-정치적인 실천가로 간주될 수도 있다.

거시 정치학에 대한 거부에도 불구하고, 크리스테바의 일부 글쓰기는 그녀를 거시 정치학으로 데려간다. 특히 『우리 자신의 이방인들 *Strangers to Ourselves*』(1991)과 『국가주의 없는 국가 *Nations without Nationalism*』(1993)에서 두드러지게 나타난다. 『우리 자신의 이방인들』은 크리스테바가 직접 경험으로 아는 문제를 다루는데, 그 문제란 외국인이 된다는 것, 그리고 사람들과 국가들이 그들 내부의 이방인들을 취급하는 데서 겪는 어려움 등을 말한다. 크리스테바는 이 문제를 평가하는 근거를 정신분석 이론에서 가져온다. 우리는 내부의 이방인, 즉 무의식을 받아들이는 것의 어려움 때문에 이방인들을 맞이하는 데서도 어려움을 겪는다. 이 내부의 이방인을 받아들일 수 있다면, 우리는 우리 주변의 이방인들을 맞이하게 될지도 모른다.

크리스테바, 철학, 문화

나 역시 철학자로서 크리스테바를 문학과 정신분석 영역으로 들어간 철학자로 생각하려는 경향이 있다. 진실은 그녀가 '누보로망'의 학생으로 시작했지만, 문학 이론가, 철학자, 언어학자, 기호학자, 문화 비평가들이 모두 소유권을 주장하는 의미의 역동성에 대한 예리한 관심을 가지고 시작했다는 점에 있다. 크리스테바가 철학에 끼친 영향은 넘쳐난다. 최소한 우리가 분석철학 또는 영미철학으로 알려진 지배적인 철학적 접근법과 구분되는 것으로서, 대륙철학으로 알려진 철학 영역을 생각한다면 말이다. '프랑스 여성주의'에 정통한 일부 여성주의 철학자들과 대륙철학의 영향 아래 작업하는 일부 분석철학자들을 제외한다면, 이 영미철학 영역에서 크리스테바의 영향은 거의 나타나지 않는다.

그러나 크리스테바가 대륙철학에 끼친 영향은 상당하다. 대륙철학자라면 누구나 크리스테바의 핵심 사상, 특히 기호계와 상징계 개념, 아브젝시옹과 과정 중의 주체 개념에 어느 정도는 정통해야 한다. 우수한 대륙철학자들은 그녀의 작업을 광범위하게 도입한다. 예를 들어, 미국의 켈리 올리버는 주로 크리스테바에 초점을 맞추어 인상적인 경력을 시작했다.(Oliver 1993a) 더 최근에는 니체에 대한 책에서 여성주의 사고, 윤리학, 가족, 재인再認·recognition 이론 등 크리스테바의 사고를 사용했다.

또 다른 예로, 미국의 퍼트리샤 헌팅턴Patricia Huntington은 크리스테바의 사고를 타자들에게 개방적인 정치의식을 개발하는 출발점으로 삼았다.(Huntington 1998) 엘리슨 위어는 사회적 정체성 이론을 개발하기 위해 크리스테바를 사용했다.(Weir 1996) 그리고 사라 비어즈워스Sara Beardsworth는 『크리스테바의 정신-분석학, 현대성의 철학 *Kristeva's Psycho-analytic, a Philosophy of Modernity*』의 책 원고를 완성하고 있다.〔이 책은 2004년 9월에 '줄리아 크리스테바 : 정신분석과 현대성Julia Kristeva : Psychoanalysis and Modernity'이라는 제목으로 출간됐다.〕

문화와 미학 이론 영역에서 철학자, 영화 연구자, 그리고 최소한 한 명의 사회학자(존 레흐트) 등은 크리스테바의 작업을 영화와 예술을 이해하는 방법으로 취한다. 영화 연구와 미학에서 두드러진 인물 중에는 티나 챈터, 할 포스터Hal Foster, 로잘린 크라우스Rosalind Krauss, 카자 실버먼Kaja Silverman 등이 포함된다.

성모 마리아의 기도교적 표상 분석뿐만 아니라, 크리스테바의 종교 역사 해석은 종교 연구와 신학 분야에서 크게 쓰였다. 크리스테바를 도입한 이 분야의 주도적 인물들은 데이비드 크라운필드David Crown-field, 데이비드 피셔David Fisher, 장 그래이빌Jean Graybeal, 다이앤 존트페이스Diane Jonte-Pace, 클레오 키언스Cleo Kearns, 마사 라이네케Martha Reineke 등이다.(그들의 작업을 확인하려면 크라운필드(1992)를 보라.)

줄리아 크리스테바는 다작의 과정 중에 있는 작가이다. 최근 몇 년 동안에만 두 가지 시리즈가 영어로 출판되었고, 아직 번역되지 않은 새 책들이 계속 쓰여지고 있다. 그래서 이 장을 쓴다는 것은 시기상조이다. '크리스테바 이후'라는 제목이 붙여진 결어를 쓴다는 것은 더더욱 그러하다. 앞으로도 계속 그녀의 기획, 결코 완성되지 않을 기획, 궁극적으로 인류의 변형을 주목하는 것이 더 나을 듯하다.

마지막으로 덧붙이자면, 크리스테바는 낙천주의자이다. 그녀가 1996년에 한 인터뷰에서 말한 것처럼. "나는 마치 새로운 인간성이 시작되고 있는 것같이, 또는 발견되고 있는 것같이 느낀다. 나는 또 다른 언어, 또 다른 사고방식, 또 다른 존재, 곧 진정한 '정신 구조의 혁명'을 말하고 있는 것이다."(Guberman 1996 : 261)

크리스테바의 모든 것

■ 줄리아 크리스테바의 저작

● 소설

(1990) *Les Samouraïs*. Paris : Librairie Arthème Fayard. (English version, 1992, *The Samurai*, trans. Barbara Bray, New York : Columbia University Press.) (한국어판 : 『사무라이』, 홍명희 옮김, 솔출판사, 1990.)
초기의 프랑스 여성주의 사상가 시몬 드 보부아르가 쓴 『레 망다랭*The Mandarins*』처럼, 이 소설 역시 라캉, 데리다, 바르트 및 그 밖의 사람들을 모델로 한 인물들을 포함하여, 레프트 뱅크 시절에 교류한 사람들의 삶을 알아볼 수 있을 정도로 살짝 위장하여 쓴 역사적·허구적 이야기이다.

(1991) *Le vieil homme et les loups*. Paris : Librairie Arthème Fayard. (English version, 1994, *The Old Man and the Wolves*, trans. Barbara Bray, New York : Columbia University Press.)
다른 저작들과는 근본적으로 다른 『노인과 늑대들*The Old Man and the Wolves*』은 철학적 우화일 뿐 아니라 추리소설이다. 아버지의 죽음을 애도하던 주인공은, 늑대들의 실종을 조사하던 라틴어 교수의 죽음을 수사하게 된다. 이 소설은 크리스테바가 이론적 저작들에서 다룬 '상상적 아버지the imaginary father'의 역할을 탐구하려는 학생과 학자들에게 흥미 있을 만하다.

(1996) *Possessions*. Paris : Librairie Arthème Fayard. (English version, 1998, *Possessions*, trans. Barbara Bray, New York : Columbia University Press.)(한국어판:『포세시옹 : 소유라는 악마』, 김인환 옮김, 민음사, 1999.)

크리스테바는 이 소설을 가지고 철학적 우화 겸 추리소설의 영역으로 계속 진출해 나간다. 『노인과 늑대들』과 같은 도시를 무대로 하고 같은 주인공을 설정한 이 『소유』는 한 여성의 목이 잘린 끔찍한 사건을 수사하는 살인 미스터리이다.

- 이론

(1969) *Semiotiké : Recherches pour une sémanalyse*. Paris : Éditions du Seuil.(한국어판:『세미오티케 : 기호분석론』, 서민원 옮김, 동문선, 2005.)

크리스테바의 첫 저작으로, 《텔 켈》지의 시리즈물로 출판된 에세이 선집이다. 이 책의 내용 전체가 영어로 번역된 적은 없고, 에세이 중 두 편만이 번역되어 『언어의 욕망*Desire in Language*』으로 출판되었다.

(1974) *La révolution du langage poétique*. Paris : Éditions du Seuil. (English version, 1984, *Revolution in Poetic Language*, trans. Leon S. Roudiez, New York : Columbia University Press.)(한국어판:『시적 언어의 혁명』, 김인환 옮김, 동문선, 2000.)

크리스테바는 1973년에 이 박사논문을 발표했는데, 이것은 여전히 그리고 아마도 그녀의 가장 중요한 저작이라 할 수 있다. 프랑스어 텍스트는 최근의 아방가르드 작가들에 대한 분석을 포함하지만, 영어판은 단지 그 책의 이론 부분만을 담고 있다. 여기서 그녀는 '코라', 의미작용의 기호적 양식과 상징적 양식 등의 개념을 소개하고, 말하는 주체를 탐구하기 시작한다. 불행히도 이 책은 그녀의 저작 가운데 가장 읽기 어려운 것일 수도 있다. 1부와 2부의 1장과 7장만을 (영어판으로) 읽는다 해도 한번 읽어볼 만한 가치가 충분히 있다.

(1980) *Desire in Language*, trans. Thomas Gora, Alice Jardine, and Leon S. Roudiez and ed. by Leon S. Roudiez. New York : Columbia University Press.

이 책은 크리스테바의 초기 번역자 중 한 명인 리언 S. 루디즈가 편찬한 에세이 선집이다. 이 책에서 독자는 「벨리니를 통해 본 모성성Motherhood According to Bellini」이란 놀라운 에세이를 포함하여, 크리스테바의 초기 저술들을 발견할 수 있다. 「벨리니를 통해 본 모성성」은 예술가 벨리니가 묘사한 마돈나와 아기 예수의 적대적 관계에 대한 내용을 복원하는 것으로 완성된다. 이 책에는 또한 읽을 만한 가치가 충분한 에세이 「언어학의 윤리The Ethics of Linguistics」가 포함돼 있다.

(1980) *Pouvoirs de l'horreur*. Paris : Éditions du Seuil. (English version, 1982, *Powers of Horror : An Essay on Abjection*, trans. Leon S. Roudiez, New York : Columbia University Press.) (한국어판 : 『공포의 권력』, 서민원 옮김, 동문선, 2001.)

매우 빡빡하고 난해한 학술적 문체로 글을 쓰기 시작한 지 거의 10년의 시간이 지난 후, 크리스테바는 새롭고 더 시적이며 개방적인 문체로 기술하기 시작한다. 이 책은 이런 종류의 글쓰기로 나아가는 최초의 두꺼운 책이고, 읽기 편한 책이다. 이 책의 주제는 여전히 상상적 영역에 놓여 있는 아이가 자신의 깨끗하고 적절한 자아의 일부가 아니라고 판단한 것을 (육체적으로, 정신적으로) 자신에게서 몰아내기 시작하는 과정, 즉 아브젝시웅의 과정이다. 이것은 아이가 미분화된 기호적 '코라'의 일부로 남아 있기보다는 오히려 분리된 '나'의 감각을 개발하기 시작하는 방법이다. 아브젝시옹은 유년기의 초기에 시작하여 평생 동안 지속된다. 추방된 것은 결코 단 한 번만으로 제거되지 않는다. 그것은 의식 주변에 남아 자아의 박약한 경계들을 괴롭힌다. 아브젝시옹 개념을 발전시킨 후 크리스테바는 이를 아방가르드 작가 셀린의 작품에 적용하여 정신분석학적 이론이 어떻게 문학에 적용될 수 있는지를 보여준다.

(1981) *Le langage, cet inconnu*. Paris : Éditions du Seuil. (English version, 1989, *Language, the Unknown : An Initiation into Linguistics*, trans. Anne Menke, New York : Columbia University Press.)(한국어판 :『언어 그 미지의 것』, 김인환 옮김, 민음사, 1997.)

크리스테바의 저작 가운데 별로 알려지지 않은 책으로, 그 이유는 주로 이 책의 장르, 즉 언어학에 대한 자료집으로서의 성격 때문이다. 자신의 언어학적 이론을 직접적으로 선언하기보다는 오히려 언어학을 공부하는 학생들에게 언어학 분야에 대한 설명을 제공하고, 기호학의 역사와 언어 연구의 다문화적 역사를 상세하게 설명한다. 유용한 언어학 입문서로서, 특히 언어학의 역사에서 오늘날 문학 이론을 연구하는 사람들에게 적절한 것이 무엇인지 보고 싶어 하는 학생들에게 유용하다.

(1983) *Histoires d'amour*. Paris : Éditions Denoël. (English version, 1987, *Tales of Love*, trans. Leon S. Roudiez, New York : Columbia University Press.)(한국어판 :『사랑의 역사』, 김영 옮김, 민음사, 1995.)

『공포의 권력』, 『검은 태양』과 함께 묶일 수 있는 책이다. 이 세 책은 1980

년대에 씌어진 크리스테바의 정신분석학적 저작 중 3부작을 이룬다. 제목이 가리키듯이, 이 책 『사랑의 역사』는 사랑의 감정에 초점을 맞추었다. 정신분석학적 설명뿐 아니라 돈 후안, 로미오와 줄리엣, 보들레르, 스탕달 등에 대한 에세이를 통해 철학, 종교, 문학 등으로 나아간다.

(1985) *Au commencement était l'amour*. Paris : Hachette. (English version, 1987, *In the Beginning Was Love : Psychoanalysis and Faith*, trans. Arthur Goldhammer, New York : Columbia University Press.)(한국어판 : 『사랑의 정신분석』, 김인환 옮김, 민음사, 1999.)

일련의 강연에 기초한 이 얇은 책에서, 크리스테바는 사랑이 어떻게 정신분석학과 종교에서 중심이 되는지를 보여준다. 아주 멋진 책이지만, 크리스테바의 중요한 텍스트는 아니다.

(1986) *The Kristeva Reader*, ed. Toril Moi. New York : Columbia University Press.

더 큰 저작물에서 뽑아낸 에세이 일부와 원래는 별개의 논문이었던 것을 모아 펴낸 크리스테바의 초기 에세이 선집이다. 모이는 각 에세이를 주의 깊고 유용한 개요와 함께 소개한다. 13편의 에세이는 두 범주로 분류되는데, 하나는 언어학·기호학·텍스트성에 관한 것이고, 다른 하나는 여성·정신분석학·정치학과 관련된 것이다.

(1987) *Soleil noir : Depression et mélancolie*. Paris : Gallimard. (English version, 1989, *Black Sun : Depression and Melancholia*, trans. Leon S. Roudiez, New York : Columbia

University Press.)(한국어판:『검은 태양:우울증과 멜랑콜리』, 김인환 옮김, 동문선, 2004.)

아름다우면서도 난해한 책인 『검은 태양』은 우울증과 멜랑콜리에 대한 정신분석학적 이해를 제공한다. 이 책의 첫 부분에서 크리스테바는 자기 소설을 대상으로 삼아 정신분석가들이 종종 무시해온 우울증의 한 종류를 설명한다. 그것은 주체가 거의 말을 하지 못하거나 말하는 것에 관심을 갖지 않게 되는 종류의 우울증이다. 그러한 주체들은 정신분석가에게 최상의 분석대상이 아닐 수 있지만, 크리스테바는 기분과 정동이 문학적이고 예술적인 창조 과정에서 활용될 수 있는 방법에 주의를 기울이는 것이 얼마나 중요한지 보여준다. 예를 들어, 그녀는 자신의 여성 환자들, 예술가 한스 홀바인Hans Holbein the Younger(1497~1543), 시인 제라르 드 네르발(이 책의 4장에서 논의된다.), 작가 표도르 도스토예프스키Fyodor Dostoevsky(1821~1881)와 마르그리트 뒤라스 Marguerite Duras(1914~1996) 등의 사례를 제시한다.

(1989) *Étrangers à nous-mêmes*. Paris : Fayard. (English version, 1991, *Strangers to Ourselves*, trans. Leon S. Roudiez, New York : Columbia University Press.)

이 책에서 내가 가장 좋아하는 부분은 첫 장 '외국인을 위한 토카타와 푸가 Toccata and Fugue for the Foreigner'이다. 이 글은 프랑스에서 외국인으로 산 크리스테바의 경험에 대한 일인칭적 보고이다. 그녀는 타인들 속에서 이방인으로 살며 겪은, 낯설고 심지어는 혐오스러운 사람으로 취급되기도 하고, 자신의 어머니/모국어와 단절되어야 했던 감정적인 경험을 기술한다. 나는 미국에 사는 나의 그리스인 어머니에게 이 글을 건네준 적이 있는데, 어머니는 이 글을 읽으며 눈물을 흘렸다. 좀 더 정치-이론적인 주목과 관련해서는,

마지막 장이 진정으로 세계주의적 공동체는 무엇과 같아야 하는지, 우리가 어떻게 우리 주변의 외국인들을 수용하는 방향으로 나아갈 길로써 우리 각자의 내부(우리 자신의 무의식)에 존재하는 외국인을 받아들일 수 있는지 통찰한다. 매우 강력한 책.

(1993) *Les nouvelles maladies de l'âme*. Paris : Fayard. (English version, 1995, *New Maladies of the Soul*, trans. Ross Guberman, New York : Columbia University Press.)(한국어판 : 『새로운 영혼의 병』, 유재명 옮김, 시각과언어, 2001.)
7장에서 논의한 대로, 이 책은 오늘날의 사회가 어떻게 새로운 종류의 신경증을 만들어내는지를 다룬 크리스테바의 설명을 이해하는 데 중심이 되는 책이다. 이것들은 대부분 심리적 공간, 다시 말해 영혼의 '내적 정원'의 상실을 중심으로 전개된다. 이 책에서 크리스테바는 동시대의 중독과 오락이 인간 존재의 완전한 개발 가능성을 침해하는 위험을 보여준다. 흥미롭게도 크리스테바는 자신의 정신분석학적 실천에서 재미있는 사례 연구들을 많이 끌어들인다.

(1993) *Nations without Nationalism*, partly translated by Leon S. Roudiez from *Lettre ouverte à Harlem Désir*. New York : Columbia University Press.
나의 결론에서 기술되듯이, 이 책은 정치학 저술로 나아가는 크리스테바의 최근 모습을 보여준다. 독자가 프랑스에서 최근 일어난 정치적 사건들을 잘 모른다고 하더라도 대부분 잘 이해할 수 있는 책이다.

(1996) *Julia Kristeva Interviews*, ed. Ross Mitchell Guberman. New York :

Columbia University Press.

20여 년에 걸쳐 이루어진 24개의 상이한 인터뷰들로 구성된 책. 크리스테바의 사유를 엿볼 수 있는 훌륭한 입문서이다. 대화체 어조와 문답 구성 덕분에 그녀의 저술 이면에 있는 사유를 쉽고 사적으로 이해할 수 있다. 더욱이 책의 중심부에는 크리스테바의 유년기부터 1960년대 파리 체류기, 그리고 유럽의 중견 문명 비평가이자 분석가로서 활동하는 원숙기에 이르기까지 거의 20여 장의 크리스테바 사진이 실린 포토 에세이가 실렸다.

(1996) *Sens et non-sens de la révolte : Pouvoirs et limites de la psychanalyse* I. Paris : Fayard. (English version, 2000, *The Sense and Non-sense of Revolt : The Powers and Limits of Psychoanalysis Vol. 1*, trans. Jeanine Herman, New York : Columbia University Press.)(한국어판 :『반항의 의미와 무의미 : 정신분석의 힘과 한계 I』, 유복렬 옮김, 푸른숲, 1998.)

7장에서 상세하게 논의한, 혁명을 주제로 최근 크리스테바가 기술한 여러 책 가운데 첫 책이다.

(1997) *The Portable Kristeva*, ed. Kelly Oliver. New York : Columbia University Press.

이 책은 토릴 모이의『크리스테바 독자』이후 10년이 지난 시점에 출판되었지만, 『시적 언어의 혁명』과 에세이「여성의 시간」과「눈물 흘리는 성모」의 발췌를 포함하여 모이의 편집본과 같은 글을 실었다. 그러나 이 책은 크리스테바의 주요 이론적 텍스트들, 예컨대『언어의 욕망』, 『사랑의 역사』, 『검은 태양』, 『새로운 영혼의 병』, 『공포의 권력』과 (내가 좋아하는 장을 포함하여)『우리 자신의 이방인』 등의 주요 부분들을 더 체계적으로 설명한다. 더욱이 훌륭하지만 잘 알려지지 않은 자전적 에세이, 즉 크리스테바가 1984년 《뉴욕 문학 포럼New York Literary Forum》에 쓴 「내 기억의 과장법My Memory's Hyerbole」이 실려 있다.

(1997) *La révolte intime : Pouvoirs et limites de la psychanalyse II*. Paris : Fayard. (English version, 2002, *Intimate Revolt*, trans. Jeanine Herman, New York : Columbia University Press.)

(1998) *L'avenir d'une révolte*. Paris : Calmann-Levy. (English version, 2002, *Intimate Revolt*, trans. Jeanine Herman, New York : Columbia University Press.)
영어 텍스트 『사적인 반항Intimate Revolt』은 두 부분으로 되어 있다. 첫째는 프랑스본 『사적인 반항』의 번역이고, 둘째는 『반항의 미래L'avenir d'une révolte』의 번역이다. 제1부 '사적인 반항'은 정신분석학의 힘과 한계를 시리즈로 다룬 크리스테바 책의 제2권이다. 장 폴 사르트르, 롤랑 바르트, 루이 아라공 등의 현대 작가들의 작품에 초점을 맞춰 친밀함의 경험과 내적인 삶의 생명력에 필요한 반항의 필요성을 탐구한다. 제2부 '반항의 미래'는 좀 더 개인적인 세 편의 에세이다. 정신분석학에 대한 관심, 외국인과 언어 상황, 미국에 대한 감정과 관계를 담았다.

(1998) *Contre la dépression nationale : Entretien avec Philippe Petit*. Paris : Les Editions Textuel. (English version, 2002, *Revolt, She Said*, ed. Sylvère Lotringer and trans. Brian O'Keeffe, Los Angeles and New York : Semiotext(e).)

작가 필리프 프티Philippe Petit, 루벵 갈로Rubén Gallo, 화가 라이너 가날 Rainer Ganahl 등이 줄리아 크리스테바를 인터뷰한 내용을 모은 이 작고 친절한 책은 "행복은 오직 반항의 대가로서만 존재한다"는 크리스테바의 주장을 다룬다. 반항의 주제를 다룬 세 권의 최근작에 이어 나온 책으로, 크리스테바가 왜 그토록 반항의 중요성을 강조하는지 이해하기 쉽게 소개했다.

(1999) *Le génie feminine, tome* I : *Hannah Arendt*. Paris : Librairie Arthème Fayard. (English version, 2001, *Hannah Arendt*, trans. Ross Guberman, New York : Columbia University Press.)

『한나 아렌트』는 크리스테바의 3부작 『여성적 천재성 : 삶, 광기, 말 — 한나 아렌트, 멜라니 클라인, 콜레트*Female Genius : Life, Madness, Words — Hannah Arendt, Melanie Klein, Colette*』 가운데 제1권이다. 정치철학자 한나 아렌트 (1906~1960)와 선구적 정신분석가 멜라니 클라인(1882~1960)에 관한 제1·2권은 현재 영어로 번역되어 있으나, 프랑스 작가 시도니 가브리엘 콜레트 (1873~1954)에 관한 제3권은 아직 영역되지 않았다. 3부작이라는 제목에도 불구하고, 이 텍스트들의 장르는 완전히 지식인 전기 장르는 아니다. 그러나 세 주체의 작업에서 나타나는 주요 주제를 많이 개관했다. 아렌트 편은 '서사와 같은 인생', '잉여의 인간성', '사유, 의지, 판단' 등 세 개의 긴 장들로 구성되었다. 묘하게도, 자기 힘으로 그처럼 영향력 있는 철학자가 썼음에도 불구하고, 이 책의 지면은 단지 크리스테바가 탐구하는 주제의 가장 희미한 흔적만을 담고 있다. 특히 첫 두 장에서 아렌트를 읽는 크리스테바가 아니라, 한 걸음 떨어져서 아렌트를 읽는 것 같다. 대부분의 지면은 마치 아렌트를 부연하는 것처럼 보인다. 그러나 이 한 걸음만 옮기면 주의 깊은 독자는 크리스테바의 표식을 발견할 수 있다. 크리스테바는 아렌트가 심리적 삶의 정치적 의미를 부정하면서 이러한 삶을 위한 담론, 즉 정신분석의 필요성을 기각한다는 점 때문에 슬퍼하는 듯이 보인다. 그러나 전체적으로 이 책은 아렌트의 사유에 대한 크리스테바의 깊은 존경과 독자들이 아렌트의 작업을 새롭게 평가해야 할 충분한 이유를 보여준다.

(2000) *Le génie feminine, tome II : Melanie Klein*. Paris : Librairie Arthème Fayard. (English version, 2001, *Melanie Klein*, trans. Ross Guberman, New York : Columbia University Press.)(한국어판 : 『정신병 모친살해 그리고 창조성』, 박선영 옮김, 아난케, 2006.)

크리스테바의 3부작 『여성적 천재성 : 삶, 광기, 말-한나 아렌트, 멜라니 클라인, 콜레트』 가운데 제2권으로, 선구적인 여성 정신분석가 멜라니 클라인의 삶을 다룬다. 크리스테바는 조금도 나아질 것 같지 않은 불행한 아내이자 어머니였던 클라인이 어떻게 분석을 받고, 분석가가 되고, 결국엔 지그문트 프로이트와 의견을 달리하며 유아의 발달 과정에서 어머니 역할의 중요성을 강조한 자신의 이론을 구축했는지를 상술한다. 클라인은 어린이, 자폐증과 정신병 등을 바라보는 정신분석학적 접근법을 개발한다. 또한 대상-관계 이론으로 알려진 학파를 발전시키는 데 기여한다. 대상-관계 이론에서는 심리 발달 과정에서 중요한 것이 고전학파가 주장하는 본능이 아니라 관계라고 주장한다. 이 책에서 크리스테바는 클라인의 전기와 함께 20세기 정신분석의 역사를 제공한다.

(2000) *Crisis of the European Subject*, trans. Susan Fairfield. New York : Other

Press.

이 작은 책은 네 부분으로 되어 있다. (1) 한나 아렌트를 다룬 자기 책 초록, (2) 여성을 위한 합리적 평등의 의미를 다룬 에세이, (3) 유럽을 통합하려는 시도에서 나타나는 종교 문제에 대한 성찰, (4) 그녀의 모국 불가리아와 모국어 불가리아어와의 관계에 대한 개인적 에세이. 구성 요소는 다양하지만, 문화와 정치의 교차점, 궁극적으로는 동시대 세계에서 어떤 종류의 정치의 수행 가능성이란 지점에서 하나로 어우러진다.

(2001) *Hannah Arendt : Life is a Narrative*, trans. Frank Collins. Toronto : University of Toronto Press.

한나 아렌트의 삶과 작업에 대한 관심을 계속 유지하며, 크리스테바는 더 나아가 아렌트가 정신적인 삶과 정치적인 참여를 통합한 방식을 탐구한다. 토론토 대학에서 한 일련의 강의에 기초한 책.

■ 줄리아 크리스테바에 관한 저작

Butler, Judith (1990) *Gender Trouble : Feminism and the Subversion of Identity*. New York and London : Routledge.

버틀러는 '줄리아 크리스테바의 신체 정치학'이란 장에서 크리스테바의 작업을 비판적으로 평가한다. 이 장은 또한 켈리 올리버의 선집 『줄리아 크리스테바의 저술에 나타난 윤리학, 정치학, 차이*Ethics, Politics, and Difference in Julia Kristeva's Writing*』에 수록되었다. 버틀러는 크리스테바를 포함하여 이론가들이 성별 정체성을 '고정'시키려는 방식과 논쟁을 펼친다. 버틀러는 크리스테바가 의미작용의 기호적 방식을 여성과 어머니의 신체에 귀속시키는 방식으로 이 정체성을 고정시켰다고 생각한다.

Chanter, Tina and Ewa Ziarek (eds) (forthcoming) *Between Revolt and Melancholia : The Unstable Boundaries of Kristeva's Polis*. Albany : State University of New York Press.

이 독창적인 에세이 선집은 줄리아 크리스테바의 가장 최근 작업에 초점을 맞추었다. 영국과 미국의 크리스테바 연구자들이 쓴 에세이들은 반항 개념과 이방인 문제뿐만 아니라 민족, 국가와 공동체 쟁점에 대해 크리스테바의 저작물들이 지닌 함축을 읽어낸다. 또한 아브젝시옹과 멜랑콜리, 나르시시즘과 미학 등 크리스테바가 지속적으로 관심을 갖는 주제도 검토한다. 전체적으로 이 책은 크리스테바의 작업을 놓고 현재의 크리스테바 연구자들이 보여주는 최신의 평가를 제공한다.

Crownfield, David (ed.) (1992) *Body/Text in Julia Kristeva : Religion, Women, and Psychoanalysis*. Albany : State University of New York Press.

아버지 쪽으로 기울어진 사람들도 이 책은 재미있게 볼 수 있을 것이다. 편집자는 크리스테바와 그녀가 한 작업을 꼼꼼히 검토하는 서문을 제공한다. 여기서 편집자는 크리스테바의 전기와 관련한 일부 오해를 풀어주고, (이 책 〈왜 크리스테바인가?〉 장에서 간략하게 논의한) 그녀의 지적 발전 과정에서 바흐친이 차지하는 중요성을 강조한다. 선집 전체에 걸쳐서 편집자는 윤리학, 종교, 언어, 그리고 크리스테바의 과정/시도 중에 있는 주체의 경험과 관련하여 독자들이 제기하는 의문과 주제들을 중재한다.

Fletcher, John and Andrew Benjamin (1990) *Abjection, Melancholia and Love : The Work of Julia Kristeva*. London : Routledge.

지금은 약간 시대에 뒤떨어졌지만 여전히 탁월한 자료. 크리스테바의 논문 한 편과 뒤이어 씌어진 세 편의 논문을 포함하여, 1987년 워릭대학에서 개최한 크리스테바에 대한 학술대회에 제출된 여덟 편의 논문을 묶어 출판한 논문집이다. 이 논문들은 두 유형의 주제를 검토한다. 하나는 예술과 문학, 표상에 관한 것이고, 다른 하나는 페미니즘과 정치적 쟁점에 관한 것이다.

Fraser, Nancy and Sandra Lee Bartky (eds) (1992) *Revaluing French Feminism : Critical Essays on Difference, Agency, and Culture*. Bloomington : Indiana University Press.

이 에세이 선집에서 여러 명의 저명한 영미 여성주의 철학자들은 네 명의 주요 프랑스 여성주의자, 즉 시몬 드 보부아르, 사라 코프만Sarah Kofman, 뤼스 이리가레이, 줄리아 크리스테바 등의 작업에 나타난 여성주의를 평가한다. ('프랑스 여성주의자들'이란 제목 아래 보통 이리가레이와 크리스테바와 함께 포함되는 엘렌 식수가 제외된 것이 이상할 수도 있다.) 이 책에 실린 마지막 네 편의 에세이는 특별히 줄리아 크리스테바의 작업을 검토하는데, 그 내용이 대부분 상당히 비판적이다. 주디스 버틀러의 책『젠더 트러블*Gender Trouble*』(1990)에서 발췌한 에세이는 크리스테바가 여성 동성애(lesbianism)를 정신분석하는 야비한 일을 한다는 억지스러운 주장을 펼친다. 크리스테바의 기호계/상징계 이분법에 대한 버틀러의 분석이 문제가 있음에도 불구하고 말이다. 『크리스테바 읽기 : 이중적 결속에 대한 해명Reading Kristeva : Unraveling the Double-bind』(1993)에 나타난 켈리 올리버의 반박을 보라. 낸시 프래저의 에세이 「여성주의 정치학을 위한 프랑스 담론 이론의 사용과 오용 The Uses and Abuses of French Discourse Theories for Feminist Poliitics」은 아마도 그 내용상의 지나친 단순화 때문에 이 책에서 가장 신랄한 에세이에 해당한다. 『하버마스, 크리스테바, 시민 의식Harbermas, Kristeva, and Citizenship』 (2000)에 담긴 나의 반박을 보라.

Grosz, Elizabeth (1989) *Sexual Subversions : Three French Feminists*. London : Allen & Unwin.
이 책은 프랑스 여성주의자들인 줄리아 크리스테바, 뤼스 이리가레이, 미셸 르 듀페Michèle Le Doeuff 등에 초점을 맞춘다. 크리스테바에 대한 그로스의 저서는 훌륭한 입문서로서 제 몫을 한다.

Oliver, Kelly (ed.) (1993) *Ethics, Politics, and Difference in Julia Kristeva's Writing*. New York : Routledge.
켈리 올리버의 서문으로 시작하는 이 책은, 버틀러의 비판적인 에세이가 다시 실리긴 했지만, 크리스테바의 작업에 대해 대부분 호의적인 14편의 에세이를 모아 묶었다. 저자들 대부분은 영미 세계에서 활동하는 '대륙의' 여성주의 철학자들이다. 그래서 많은 저자들이 주체성과 이종성에 대한 크리스테바의 견해를 공유한다.

Oliver, Kelly (1993) *Reading Kristeva : Unraveling the Double-bind*. Bloomington :

Indiana University Press.(한국어판:『크리스테바 읽기』, 박재열 옮김, 시와반시사, 1997.)

줄리아 크리스테바의 작업에 대한 지속적이고 철저한 분석과 변호에 관심이 있는 사람이라면 누구나 '반드시 읽어야 할' 책. 흥미롭게도 올리버는 크리스테바에 대한 가장 중요한 비판자의 지도 아래 크리스테바 연구를 비판적으로 시작한다. 그러나 크리스테바의 책과 관련 서적을 많이 읽으면서 점점 더 호의적으로 변했다. 이 책은 크리스테바의 이론에 퍼부어진 여러 비판들에 조목조목 대응하는 올리버의 변론을 담고 있다.

■ 웹사이트

http : //www.cddc.vt.edu/feminism/Kristeva.html.
이 사이트의 텍스트는 켈리 올리버가 쓴 것이다. 간략하고 유용하다. 1998년 크리스테바와 한 인터뷰가 실렸고, 다른 사이트들이 링크되어 있다.

http : //www.bailiwick.lib.uiowa.edu/wstudies/frenchfem.html.
프랑스 여성주의자들에 대한 인터넷 자료를 광범위하게 모아놓은 사이트.

http : //www.press.jhu.edu/books/hopkins_guide_to_literary_theory/Julia_kristeva.html.
『문학 이론과 비평에 대한 존 홉킨스의 안내*Johns Hopkins Guide to Literary Theory and Criticism*』에서 가져온 이 항목 역시 켈리 올리버가 썼다. 웹의 하이

퍼텍스트 매체를 잘 이용하였으며, 관련된 화제와 인물 링크를 제공한다.

http：//www.nyartsmagazine.com/57/juliakristeva.html.

2001년 봄에 크리스테바와 한 이 인터뷰는 '여성성the feminine'과 예술에 대한 크리스테바의 견해에 초점을 맞춘다. 여기서 그녀는 반항, 아렌트, 콜레트 등에 대한 관심들 사이에 존재하는 연결 고리를 얘기한다.

■ 참고문헌

Adams, Hazard and Leroy Searle (eds) (1986) *Critical Theory Since 1965*. Tallahasee : University Presses of Florida, Florida State University Press.
Ainley, Alison (1990) "The Ethics of Sexual Difference," in John Fletcher and Andrew Benjamin (eds) *Abjection, Melancholia and Love : The Work of Julia Kristeva*. London : Routledge.
Chanter, Tina (1993) "Kristeva's Politics of Change : Tracking Essentialism with the Help of a Sex/Gender Map," in Kelly Oliver (ed.) *Ethics, Politics, and Difference in Julia Kristeva's Writing*. New York : Routledge.
____, (2001) "Abject Images : Kristeva, Art, and Third Cinema," *Philosophy Today* 45(5), SPEP Supplement 83-98.
Crownfield, David (ed.) (1992) *Body/Text in Julia Kristeva : Religion, Women, and Psychoanalysis*. Albany : State University of New York Press.
Debord, Guy (1983) *Society of the Spectacle*. Detroit : Black & Red.
Edwards, Peter J. (1999) "Gérard de Nerval," in Robert Beum (ed.) *Gale Group Database : Dictionary of Literary* Biography, Vol. 217 : Nineteenthcentury French Poets. A Bruccoli Clark Layman Book. The Gale Group, pp. 227-242. Available online at http : //www.galenet.galegroup.com(no page numbers).
Fletcher, John, and Andrew Benjamin (eds) (1990) *Abjection, Melancholia and Love : The Work of Julia Kristeva*. London : Routledge.
Foster, Hal (1996) *The Return of the Real*. Cambridge, MA : MIT Press.
Fraser, Nancy (1992) "The Uses and Abuses of French Discourse Theories for Feminist Politics," in Nancy Fraser and Sandra Lee Bartky (eds) *Revaluing French Feminism : Critical Essays on Difference, Agency, and Culture*. Bloomington : Indiana University Press.
Fraser, Nancy, and Sandra Lee Bartky (eds) (1992) *Revaluing French Feminism : Critical Essays on Difference, Agency, and Culture*. Bloomington : Indiana University Press.

Freud, Sigmund [1919] (1953) "The Uncanny," in *Complete Works : Standard Edition*, vol. 17. London : Hogarth, pp. 217-252.

Gale Group's Literary Databases of Contemporary Authors (2003) Online. Available at http : //www.galenet.com.

Guberman, Ross (ed.) (1996) *Julia Kristeva Interviews*. New York : Columbia University Press.

Hegel, G.W.F. (1997) *Phenomenology of Spirit*, trans. A.V. Miller. Oxford : Oxford University Press.

Hughes-Hallett, Lucy (1992) "Egghead Out of Her Shell," *The Independent* (London), 9 February 1992, The Sunday Review Page : 26.

Huntington, Patricia J. (1998) *Ecstatic Subjects, Utopia, and Recognition : Kristeva, Heidegger, Irigaray*. Albany State University of New York Press.

Joyce, James (1986) *Ulysses : The Corrected Text*. New York : Vintage Books.

Krauss, Rosalind (1996) "*Informe* without Conclusion," *October* 78, Fall : 89-105.

Kristeva, Julia (1977) "Hérethique de l'amour," *Tel Quel* 74, Winter : 30-49.

____, (1980) *Desire in Language*, trans. Thomas Gora, Alice Jardine, and Leon S. Roudiez and ed. Leon S. Roudiez. New York : Columbia University Press.

____, (1981) "Women's Time," *Signs* 7(1), Autumn : 13-35. Translation of "Le temps des femmes," in *33/44 Cahiers de recherche de science des texts et documents*, 5, Winter 1979 : 5-19.

____, (1982) *Powers of Horror : An Essay on Abjection*, trans. Leon S. Roudiez. New York : Columbia University Press.

____, (1984) *Revolution in Poetic Language*, trans. Leon S. Roudiez. New York : Columbia University Press.

____, (1986) *The Kristeva Reader*, ed. Toril Moi. New York : Columbia University Press.

____, (1987) *Tales of Love*, trans. Leon S. Roudiez. New York : Columbia University Press.

____, (1989a) *Black Sun : Depression and Melancholia*, trans. Leon S. Roudiez. New York : Columbia University Press.

____, (1989b) *Language, the Unknown : An Initiation into Linguistics*, trans. Anne

Menke. New York: Columbia University Press.

____, (1991) *Strangers to Ourselves*, trans. Leon S. Roudiez. New York: Columbia University Press.

____, (1995) *New Maladies of the Soul*, trans. Ross Guberman. New York: Columbia University Press.

____, (1997) *The Portable Kristeva*, ed. Kelly Oliver. New York: Columbia University Press.

____, (2000) *The Sense and Non-sense of Revolt : The Powers and Limits of Psychoanalysis, Vol. 1*, trans. Jeanine Herman. New York: Columbia University Press.

Kuprel, Diana (2000) "In Defence of Human Singularity: Diana Kuprel Speaks with Julia Kristeva," *Canadian Review of Books* 28(8/9), January: 21-26.

Lacan, Jacques (1977) *Écrits : A Selection*, trans. Alan Sheridan. New York: W.W. Norton & Company.

Lechte, John (1990) "Art, Love, and Melancholy in the Work of Julia Kristeva," in John Fletcher and Andre Benjamin (eds) *Abjection, Melancholia, and Love*. London: Routledge.

____, (1997) *Fifty Contemporary Thinkers : From Structuralism to Postmodernity*. London: Routledge.

Lentricchia, Frank and Thomas McLaughlin (eds) (1990) *Critical Terms for Literary Study*. Chicago: University of Chicago Press.

McAfee, Noëlle (1993) "Abject Strangers: Toward and Ethics of Respect" in Kelly Oliver (ed.) *Ethics, Politics, and Difference in Julia Kristeva's Writing*. New York: Routledge.

____, (2000a) "Resisting Essence: Kristeva's Process Philosophy," *Philosophy Today* 44, SPEP Supplement: 77-83.

____, (2000b) *Habermas, Kristeva, and Citizenship*. Ithaca, NY: Cornell University Press.

Moi, Toril (1985) *Sexual/Textual Politics : Feminist Literary Theory*. London and New York: Routledge.

Moruzzi, Norma Claire (2000) *Speaking Through the Mask : Hannah Arendt and the Politics of Social Identity*. Ithaca, NY: Cornell University Press.

Nerval, Gérard de (1973) [1854] "El Desdichado," in *Les chimères*. London : Athlone Press.

Oliver, Kelly (1993) *Reading Kristeva : Unraveling the Double-bind*. Bloomington : Indiana University Press.

____, (ed.) (1993a) *Ethics, Politics, and Difference in Julia Kristeva's Writing*. New York : Routledge.

____, (1997) "Introduction," in Kelly Oliver (ed.) *The Portable Kristeva*. New York : Columbia University Press.

Plato (2000) *Timaeus*, trans. Donald J. Zeyl. Indianapolis : Hackett Publishing.

Rycroft, Charles (1968) *A Critical Dictionary of Psychoanalysis*. New York : Penguin.

Silverman, Kaja (1991) "Dis-Embodying the Female Voice," in Patricia Erens (eds) *Issues in Feminist Film Criticism*. Bloomington : Indiana University Press, pp. 309-327.

Smith, Anna (1996) *Julia Kristeva : Readings of Exile and Estrangement*. New York : St Martin's Press.

Weir, Allison (1996) *Sacrificial Logics : Feminist Theory and the Critique of Identity*. New York and London : Routledge.

Ziarek, Ewa (1995) "The Uncanny Style of Kristeva's Critique of Nationalism, "*Postmodern Culture* 5(2), January. Online. Available at http : //jefferson.village.virginia.edu/pmc/text-only/issue.195/ziarek.195.

____, (2001) *An Ethics of Dissensus : Postmodernity, Feminism, and the Politics of Radical Democracy*. Stanford, CA : Stanford University Press.

찾아보기

크리스테바의 저서와 텍스트

『검은 태양*Soleil noir(Black Sun)*』(1987) 119
『공포의 권력*Powers of Horror*』(1980) 23, 91, 101, 103, 218
『국가주의 없는 국가*Nations without Nationalism*』(1993) 33, 234
『그림자 연극*Des Chinoises*』(1974) 32
『노인과 늑대들*The Old Man and the Wolves*』(1994) 33
『눈물 흘리는 성모*Stabat Mater*』(1977) 23, 153, 175, 191
『반항의 미래*L'avenir d'une révolte*』(1997) 211, 212
『반항의 의미와 무의미*Sens et non-sens de la ré-volte*』(1996) 167, 208, 209, 210, 211
「사랑의 여성적 윤리*Hérethique de l'amour*」 163
『사무라이*The Samurai*』(1992) 33
『사적인 반항*La révolte intime*』(1996) 211
『새로운 영혼의 병*Nouvelles maladies de l'âme*』(1993) 176, 203, 205, 206
『세미오티케 : 기호분석론*Semiotiké : Reacherches pour une sémanalyse*』(1969) 27, 39, 59
『시적 언어의 혁명*La révolution du langage poé-tique*』(1974) 23, 30, 34, 39, 41, 65, 80, 81, 91, 210
『여성의 시간*Women's Time*』(1981) 153, 176
『우리 자신의 이방인들*Strangers to Ourselves*』(1991) 234
『포세시옹 : 소유라는 악마*Possessions*』(1996) 34
『할렘 데지르에게 보내는 공개서한*Lettre luverte à Harlem Désir*』 33

ㄱ

개방적 체계 200
거세 181
거세 공포 52
거시 정치학 200, 218, 234
거울 단계 52, 53, 76, 78, 92, 98
골드만, 뤼시앵*Goldman, Lucien* 26
과정 중에 있는 주체 66, 138, 162, 197, 226, 232
과정 중의 주체 61, 81, 85, 87, 235
과정철학 164, 165, 167
구버먼, 로스*Guberman, Ross* 228
구조주의 27, 28, 29, 30
굴락, 수잔*Guerlac, Suzanne* 227
그래이빌, 장*Graybeal, Jean* 236
그로스, 엘리자베스*Grosz, Elizabeth* 146

기의 54, 55, 75, 128, 197
기표 54, 55, 70, 71, 74, 75, 197
기호 76, 128, 131, 132, 137
기호계 15, 34, 39, 43, 45, 47, 53, 54, 55, 56, 57, 79, 80, 81, 82, 83, 84, 91, 146, 148, 152, 162, 169, 197, 199, 200, 229, 231, 235
기호분석semanalysis 59
기호작용semiosis 82
기호적 다가성多價性·polyvalence 60
기호적 코라 80, 92, 109, 118, 121, 198
기호학 60

ㄴ
나르시스적 우울증 117, 118, 120, 121, 126, 133, 134
나르시시즘 76, 78, 79, 86, 108, 127, 166
남근penis 70, 71, 74
남근 선망penis envy 52
낯섦Das Unheimlich 96, 97, 214
네르발, 제라르 드Nerval, Gérard de 120, 128, 129, 130, 131, 133, 136, 137
누보로망 24, 234
니체, 프리드리히 빌헬름Nietzsche, Friedrich Wilhelm 21, 164, 235

ㄷ
대륙철학 35, 235
대상적 우울증 117, 119, 133
데리다, 자크Derrida, Jacques 30
데카르트, 르네Descartes, René 152
드보르, 기Debord, Guy 201, 202, 206
들뢰즈, 질Deleuze, Gilles 164

ㄹ
라얀, 틸로타마Rajan, Tilottama 226
라이네케, 마사Reineke, Martha 236
라캉, 자크Lacan, Jacques 19, 52, 66, 67, 68, 69, 70, 71, 72, 73, 74, 76, 78, 79, 92, 95, 120, 121, 122, 144
러시아 형식주의 27
레비 스트로스, 클로드Lévi-Strauss, Claude 26
레스투시아, 프랜시스Restuccia, Frances 226
레이, 알랭Rey, Alain 198
레프트 뱅크 모임 41
레흐트, 존Lechte, John 75, 127, 236
로웨, 리사Lowe, Lisa 226
로즈, 재클린Rose, Jacqueline 148, 226
로트레아몽, 콩트 드Lautréamont, Comte de 30
리언, 루디즈Roudiez, Leon 81

ㅁ

마르크스, 카를Marx, Karl 206
마르크스주의 26
마르크스주의 윤리학 179
마오쩌둥 사상(마오이즘) 31, 220
마조히즘 155, 159, 189
말라르메, 스테판Mallarmé, Stéphane 30
말하는 존재 19, 28, 30, 40, 65, 197
말하는 주체 30, 34
멜랑콜리 35, 99, 116, 118, 119, 120, 121, 123, 126, 128, 132, 133, 134, 137, 220
모성 22, 76, 78, 144, 145, 146, 147, 149, 154, 155, 156, 158, 159, 164, 189
모성성 35, 145, 148, 159, 162, 163
모성애 155
모이, 토릴Moi, Toril 32, 146, 176, 230, 231, 232, 233
무의식 20, 69, 76, 234
무의식적 욕망 67
문학 이론 65, 226
미시 정치학 200

ㅂ

바르트, 롤랑Barthes, Roland 26, 215, 216, 217
바흐친, 미하일 미하일로비치Bakhtin, Mikhail Mikhailovich 24, 27, 28
반항 35, 198, 199, 200, 210, 211, 212, 215, 216, 217, 218
발생텍스트 57, 58, 59
방브니스트, 에밀Benveniste, Émile 26
버틀러, 주디스Butler, Judith 146, 226
본질주의 146, 148, 149, 151, 153, 169, 228
브란트, 조앤Brandt, Joan 227
비어즈워스, 사라Beardsworth, Sara 235

ㅅ

사르트르, 장 폴Sartre, Jean-Paul 215, 217
사회적 반항 220
상상계 72, 74, 76, 78, 79, 82, 84, 85, 191, 122, 125
상징계 34, 39, 43, 45, 53, 54, 55, 56, 57, 66, 72, 73, 74, 75, 76, 79, 80, 81, 83, 85, 91, 107, 108, 118, 121, 122, 124, 125, 151, 162, 197, 198, 199, 200, 229, 235
상징화 무능 22, 133
상호텍스트성 27, 59, 60
새로운 인간성 217, 236
성별gender 149, 150, 151, 167, 227
성적 정체성 189, 190
성차 145
섹슈얼리티 19, 120, 134, 147, 233
셀린, 루이 페르디낭Céline, Louis-Ferdinand 101, 102, 103, 104, 106, 107, 108, 110
셰리든, 앨런Sheridan, Alan 72

소마Soma 83
소쉬르, 페르디낭 드Saussure, Ferdinand de 30, 54
솔레르, 필리프Sollers, Philippe 28, 58
쇼 문화 202, 210, 211, 212
스미스, 애너Smith, Anna 227
『스펙타클의 사회La société du spectacle』(기보르, 1983) 201
시원적 여성 188
시적 언어 30, 80
식수, 엘렌Cixous, Hélène 143
실버먼, 카자Silverman, Kaja 236
실재계 72, 78, 79, 120
심리학적인 반항 220

ㅇ

아라공, 루이Aragon, Louis 215, 217
아렌트, 한나Arendt, Hannah 34
아방가르드 23, 24, 30, 39, 58, 210, 212
아버지의 법 69
아버지의 이름 69
아브젝시옹abjection 33, 76, 91, 95, 98, 99, 101, 104, 107, 109, 110, 118, 165, 220, 232, 235
아브젝트abject 92, 93, 94, 95, 96, 100
야콥슨, 로만Jakobson, Roman 68
'억압된 것의 귀환' 96, 97
언어 이론 34, 35, 39, 41, 148

언어적 실천 80
언어학 23, 24, 60, 67
에고 심리학 66, 165
에델스테인, 메릴린Edelstein, Marilyn 226
에인리, 앨리슨Ainley, Alison 162
에코 심리학 67
여성 섹슈얼리티 35
여성성 148, 149, 150, 188, 229
여성적 윤리학 161
여성적 정체성 149
여성주의 35
오이디푸스 단계 118, 133
오이디푸스 콤플렉스 212
오이디푸스적 반항 212, 213
올리버, 켈리Oliver, Kelly 40, 41, 78, 95, 143, 152, 161, 218, 232, 235
우울증 35, 42, 99, 115, 116, 119, 120, 121, 124, 128, 131, 137, 207
운동성 47
원형상(이마고imago) 53, 71
위돈, 크리스Weedon, Chris 147
윤리학 22, 144, 145, 160, 161, 162, 191
『율리시즈Ulysses』(조이스) 43
은유 69
의미생산 81, 125
의미작용 44, 45, 47, 52, 53, 55, 78, 80, 81, 82, 83, 84, 120, 147, 151, 162, 169
의미화 과정 41, 43, 49, 58, 65, 81, 151, 159, 169

의미화 실천 60
이리가레이, 뤼스Irigaray, Luce 143
이분법 45, 189
이원론 152, 153, 163
이종성 108, 122, 197
인류학 67

ㅈ
자딘, 앨리스Jardine, Alice 226
자아 20, 21, 22, 30, 96, 117, 199
자아 모델 86
자율적 에고 67
전위 60
전이 86, 125, 165
전치 68, 69, 118, 125
정동情動·affect 42, 56, 80, 121, 124, 125
정립the thetic 52, 53, 60, 104, 118
정신분석 19, 22, 23, 32, 33, 34, 56, 79, 82, 83, 85, 86, 99, 116, 136, 147, 155, 165, 166, 167, 168, 211, 212, 214, 218, 220, 233, 234
정신분석학 66, 67, 191
정치적 혁명 218, 220
정치학 233
젠더→성별
조이스, 제임스Joyce, James 43, 44, 45, 177
존재론 164, 178

존트페이스, 다이앤Jonte-Pace, Diane 236
종교학 23
주체 65, 67, 69, 76, 78, 80, 81, 95, 96, 98, 107, 116, 118, 121, 122, 125, 128, 134, 162, 198, 200, 208, 209, 230, 231, 232, 233
주체성 20, 21, 22, 35, 67, 85, 91, 92, 95, 98, 103, 110, 122, 128, 138, 147, 153, 163, 166, 199, 217, 226
주체성 이론 34, 35, 40
죽음 충동 122, 123, 124
지아렉, 에바Ziarek, Ewa 226, 232

ㅊ
챈터, 티나Chanter, Tina 147, 150, 151, 236
『1965년 이후의 비평 이론Critical Theory Since 1965』(애덤스 외) 227

ㅋ
카니발 27, 28
코라 39, 47, 48, 49, 50, 53, 55, 76, 98, 108, 115, 116, 118, 146, 147, 165, 166, 199, 229
콜레트Colette 34
콤플렉스 69
크라우스, 로잘린Krauss, Rosalind 236

크라운필드, 데이비드Crownfield, David 236

『크리스테바 독자The Kristeva Reader』(모이, 1986) 32

클라인, 멜라니Klein, Melanie 34, 116, 122, 123

키언스, 클레오Kearns, Cleo 236

ㅌ

타대상le objet a 74

탈구조주의 21, 29, 30, 34, 41, 228

텔 켈 28, 31, 153

『티마이오스Timaeus』(플라톤) 47, 48

ㅍ

포스터, 할Foster, Hal 236

푸코, 미셸Foucault, Michel 26

프래저, 낸시 Fraser, Nancy 22, 146, 148, 149, 169, 231, 232, 233

프로이트, 지그문트Freud, Sigmund 52, 66, 67, 68, 69, 76, 78, 96, 97, 118, 122, 126, 144, 156, 165, 166, 181, 212, 213, 214

프시케Psyche 83

플라톤 47, 48, 49

피셔, 데이비드Fisher, David 236

ㅎ

하르트만, 하인츠Hartmann, Heinz 66

하이데거, 마르틴Heidegger, Martin 164

행복 211

헌팅턴, 퍼트리샤Huntington, Patricia 235

헤겔, 게오르크Hegel, Georg Wilhelm Friedrich 21, 183

혁명 218, 220, 231, 236

현상텍스트 57, 58

현상학 51, 66

형이상학 145, 153, 164, 165

화이트, 앨런White, Allon 231

화이트헤드, 앨프리드 노스Whitehead, Alfred North 164

환유 69

후설, 에드문트Husserl, Edmund 51, 66

희열(주이상스) 44, 160

경계에 선 줄리아 크리스테바

2007년　7월 1일　초판 1쇄 발행
2022년　9월 15일　　3쇄 발행

지은이 | 노엘 맥아피
옮긴이 | 이부순
펴낸이 | 노경인 · 김주영

펴낸곳 | 도서출판 앨피
출판등록 | 2004년 11월 23일 제2011-000087호
주소 | 우)07275 서울시 영등포구 영등포로 5길 19(37-1 동아프라임밸리) 1202-1호
전화 | 02-336-2776　팩스 | 0505-115-0525
전자우편 | lpbook12@naver.com
블로그 | blog.naver.com/lpbook12

ISBN 978-89-92151-10-8